Nuevo
Español con ritmo 1

Eugenio del Prado
Hanako Saito
Shinji Nakamichi

Editorial Dogakusha

表紙絵・本文イラスト：遠藤佐登美
表紙・本文デザイン：XYLO

はじめに

スペイン語の世界へようこそ！

　スペイン語は20以上の国や地域で話されている国際性豊かな言語です。スペイン語を学びながら、同時に、スペイン語圏の文化や習慣、社会にも興味を持って調べてみましょう。

　本書『新スペイン語のリズムで　1』は、既刊『スペイン語のリズムで』を大幅に修正した改訂版で、直説法の現在時制を中心に扱う初級用の教科書です。本書の構成は次のとおりです。

● Gramática y ejercicios

　文法の解説と練習問題のページです。現在時制から点過去までの文法項目が簡潔に説明され、対話形式中心の例文が載っています。文法項目を学習した後には「チョット確認」で、理解度を確認することができます。動詞の活用や表にまとまっている文法項目をしっかり覚えましょう。

● Vamos a ver

　文法ページで学んだことを統合的に確認していくページです。様々な練習問題があり、角度を変えながら文法項目を復習していくことができます。よく理解できていない箇所が見つかれば、前のページの文法項目に戻って再確認しましょう。最後に和文西訳問題もありますので、スペイン語作文にも挑戦しましょう。

● Diálogo y Lectura

　対話と読み物のページです。文法だけではなく、スペイン語での実際の対話や読み物を読むことで、学習した文法項目がどのように使われているのか理解できます。音声データを何度も聞いて、耳からスペイン語に慣れるようにしましょう。

● Práctica

　実際に皆さんがスペイン語を使って、コミュニケーションの練習をするページです。イラストがたくさん使われ、楽しみながら練習できるようになっています。積極的にペア・ワークやグループ・ワークでスペイン語を聞き、話しましょう。

　最後になりましたが、私たちの初めての教科書である『スペイン語のリズムで』の改訂版を作る機会を与えていただき、より良い教科書を作り上げるためご協力いただいた同学社の石坂裕美子さんに、また今回も生き生きとしたイラストを描いてくださったイラストレーターの遠藤佐登美さんに、心より感謝を申し上げます。

2022年　盛夏

著者一同

目次 Índice

1 アルファベット El alfabeto

02

文字	読み方	文字	読み方	文字	読み方
A a	a	J j	jota	R r	erre
B b	be	K k	ka	S s	ese
C c	ce	L l	ele	T t	te
D d	de	M m	eme	U u	u
E e	e	N n	ene	V v	uve
F f	efe	Ñ ñ	eñe	W w	uve doble
G g	ge	O o	o	X x	equis
H h	hache	P p	pe	Y y	ye (i griega)
I i	i	Q q	cu	Z z	zeta

2 注意すべきつづり Ortografía y pronunciación

03

	[a]	[e]	[i]	[o]	[u]
[k]	ca	que	qui	co	cu
[g]	ga	gue	gui	go	gu
[gw]	gua	güe	güi	guo	
[θ][s]	za	ce	ci	zo	zu
[x]	ja	ge / je	gi / ji	jo	ju

チョット 確認 1 次のつづりをスペイン語で発音しましょう。Lee.

1) ca, ce, ci, co, cu

2) ga, ge, gi, go, gu

3) gua, gue, gui, guo

4) za, je, güi, zo, ju

3 アクセントのルール El acento

04

1) 母音または -n, -s で終わる語は、終わりから2番目の音節にアクセントがあります。

casa	noche	amigo	zapatos	Carmen
家	夜	友達	靴	カルメン

2) -n, -s 以外の子音で終わる語は、最後の音節にアクセントがあります。

hotel	papel	trabajar	profesor	universidad
ホテル	紙	働く	教師	大学

3) アクセント符号の付いた語は、アクセント符号の付いた音節にアクセントがあります。

fácil	estación	japonés	teléfono	número
簡単な	駅	日本人（語）	電話	番号

チョット 確認 2 次の単語の中で一番強く発音する母音に〇をつけましょう。Sigue el modelo.

例) cosa → c ⓞ sa

1) nombre   2) pantalones   3) cultura   4) joven   5) pensar

6) inglés   7) feliz   8) hospital   9) coche   10) Perú

4 母音 Las vocales

05

1) 単母音： a e i o u (a e o は強母音、i u は弱母音)

2) 二重母音：ai (ay) ei (ey) oi (oy) au eu ou ia ie io ua ue uo iu ui (uy)

□ 二重母音は、1 つの母音とみなします。

・［弱母音＋強母音］（上昇二重母音）

piano	estudiante	cambio	bueno	antiguo
ピアノ	学生	変化	良い	古い

・［強母音＋弱母音］（下降二重母音）

aire	seis	causa	neutro	Europa
空気	6	原因	中立の	ヨーロッパ

・［弱母音＋弱母音］（上昇二重母音）

viuda	triunfo	Luis
未亡人	勝利	ルイス

□ 強母音＋強母音は独立した2つの母音となり、二重母音にはなりません。

idea	tarea
アイデア	課題

3) 三重母音：［弱母音＋強母音＋弱母音］の組み合わせ iai iei uai (uay) uei (uey)

buey	Paraguay
雄牛	パラグアイ

チョット 確認 3 次の単語の中で一番強く発音する母音に〇をつけましょう。Sigue el modelo.

例) aire → ⓐ ire

1) reina   2) poema   3) antiguo   4) patio   5) fiesta

6) examen   7) italiano   8) puente   9) secretaria   10) baile

5 **子音** Las consonantes

06

1) 比較的やさしい子音

b, v	[b]	barato 安い	bien 良く	nuevo 新しい
ch	[tʃ]	fecha 日付	coche 車	mucho たくさんの
d	[d]	dato データ	estudiante 学生	mundo 世界
（語末ではほとんど無音）		ciudad 都市	universidad 大学	Madrid マドリード
f	[f]	farmacia 薬局	café コーヒー	fiesta パーティー
k	[k]	kilogramo キログラム	kilómetro キロメートル	Tokio 東京
m	[m]	hermano 兄（弟）	mesa テーブル	museo 美術館
n	[n]	nada 何も〜ない	animal 動物	vino ワイン
ñ	[ɲ]	España スペイン	mañana 明日	niño 男の子
p	[p]	padre 父	película 映画	deporte スポーツ
s	[s]	sábado 土曜日	semana 週	estación 駅
t	[t]	taxi タクシー	patio 中庭	total 合計
w	[w]（外来語のみ）	Washington ワシントン	whisky ウイスキー	
x	[ks]	examen 試験	éxito 成功	
	[s]	extranjero 外国人	excursión 遠足	

2) 注意を要する子音

c	[k] (ca cu co)	casa 家	cosa もの	cultura 文化
	[θ] (ce ci)	centro 中心	cielo 空	cocina 台所

g	[g] (ga go gu gue gui)	tango タンゴ	guerra 戦争	guitarra ギター
	[x] (ge gi)	gente 人々	gigante 巨人	
	[gw] (güe güi)	bilingüe バイリンガルの	pingüino ペンギン	
h	[-]（無音）	hasta 〜まで	historia 歴史	ahora 今
j	[x]	Japón 日本	jefe 上司	joven 若い
l	[l]	leche 牛乳	luna 月	español スペイン語
ll	[ʎ]	calle 通り	allí あそこに	lluvia 雨
q	[k] (que qui)	parque 公園	queso チーズ	aquí ここに
r	[r]	cámara カメラ	señorita お嬢さん	pero しかし
	[r̃]（語頭では巻き舌）	radio ラジオ	regalo 贈り物	rosa バラ
rr	[r̃]	correo 郵便	perro 犬	churros チューロス
y	[j]	ayer 昨日	yo 私は	ayudar 手伝う
	[i]	y そして	hoy 今日	muy 非常に
z	[θ / s]	zapatos 靴	azul 青い	diez 10

チョット 確認 4 次の単語を発音しましょう。Lee.

1) cero 2) página 3) ojo 4) paella 5) arriba

6) cruz 7) cine 8) Argentina 9) llegar 10) rico

3) 二重子音

二重子音は1つの子音として扱います。

pl bl fl cl gl   pr br fr cr gr tr dr

planta 植物	blanco 白い	flor 花	clase 授業
padre 父	Francia フランス	gris 灰色の	otro 他の

チョット 確認 5 次の単語を発音しましょう。Lee.

1) gracias　　2) plan　　3) francesa　　4) madre　　5) bicicleta

6) tres　　7) gloria　　8) drama　　9) programa　　10) iglesia

6 音節の分け方　Las sílabas

07

・二重母音と三重母音は１つの母音として扱います。

・二重子音と ch, ll, rr は１つの子音として扱います。

1) 母音間に子音が１つある場合、子音は後ろの母音につきます。

　　母音＋子音＋母音＝母音＋［子音＋母音］

　　ma-ña-na　　di-ne-ro　　co-ci-na
　　明日　　　　お金　　　　台所

2) 母音間に子音が２つある場合、子音は２つに分かれます。

　　母音＋子音＋子音＋母音＝［母音＋子音］＋［子音＋母音］

　　cul-tu-ra　　de-por-te　　her-ma-no
　　文化　　　　スポーツ　　　兄（弟）

3) 母音間に子音が３つある場合、前の２つの子音は前の母音に、３つ目の子音は後ろの母音につきます。

　　母音＋子音＋子音＋子音＋母音＝［母音＋子音＋子音］＋［子音＋母音］

　　cir-cuns-tan-cia　　　ins-tru-men-to
　　環境　　　　　　　　楽器

4) 強母音と強母音は分立します。（アクセント符号のついた弱母音も強母音として扱います。）

　　i-de-a　　mu-se-o　　dí-a
　　アイデア　美術館　　　日

チョット 確認 6 次の単語を例にならって音節に分けましょう。Sigue el modelo.

例）pimiento → pi / mien / to

1) tango　　　2) cocinero　　3) compañía　　4) aeropuerto　　5) victoria

6) agricultura　　7) fenomenal　　8) farmacia　　9) pequeño　　10) pensamiento

VAMOS A VER

1 ０から２０までの数を、発音練習をして覚えましょう。Lee y memoriza hasta el 20.

0	cero								
1	uno	2	dos	3	tres	4	cuatro	5	cinco
6	seis	7	siete	8	ocho	9	nueve	10	diez
11	once	12	doce	13	trece	14	catorce	15	quince
16	dieciséis	17	diecisiete	18	dieciocho	19	diecinueve	20	veinte

2 次の国名と国籍を、発音練習をして覚えましょう。Lee y memoriza.

国名	～人（男性）	～人（女性）	国名	～人（男性）	～人（女性）
Japón	japonés	japonesa	Francia	francés	francesa
España	español	española	Inglaterra	inglés	inglesa
México	mexicano	mexicana	Alemania	alemán	alemana
Perú	peruano	peruana	Italia	italiano	italiana
Argentina	argentino	argentina	Rusia	ruso	rusa
Colombia	colombiano	colombiana	Brasil	brasileño	brasileña
Paraguay	paraguayo	paraguaya	China	chino	china
Estados Unidos	estadounidense	estadounidense	Corea	coreano	coreana

3 発音練習をしながら、男性名と女性名に分けてみましょう。Escribe en el lugar correcto los siguientes
nombres de personas.

Pedro	Carmen	Luis	Luisa	Francisco
Irene	Javier	Diego	Ángel	María

男性名 nombre masculino	女性名 nombre femenino

Diálogo 1

11

Alfonso:	¡Hola! ¿Cómo te llamas?
Erika:	Me llamo Erika.
Alfonso:	¿Cómo se escribe?
Erika:	E-R-I-K-A, ¿y tú?
Alfonso:	Alfonso.
Erika:	¿Cómo se escribe?
Alfonso:	A-L-F-O-N-S-O.
Erika:	Gracias.
Alfonso:	De nada.

Diálogo 2

12

Kenji:	Hola. Buenos días, profesor.
Profesor:	Hola, Kenji. ¿Qué tal?
Kenji:	Bien, ¿y usted?
Profesor:	Muy bien.

Diálogo 3

13

Moe:	Buenas tardes, profesora.
Profesora:	Buenas tardes, Moe.

Diálogo 4

14

Kenji:	Profesor, ¿cómo se dice "*hon*" en español?
Profesor:	Se dice *libro*.
Kenji:	¿Cómo se escribe?
Profesor:	L-I-B-R-O.
Kenji:	Gracias.
Profesor:	De nada.

Diálogo 5

15

Profesor:	Adiós, hasta mañana, Kenji.
Kenji:	Adiós, profesor.

PRÁCTICA

1 ¿Conoces estas palabras en español? Relaciona las palabras del recuadro con las imágenes.
次の単語の意味を知っていますか？絵と結びつけましょう。

| churros | siesta | flamenco | gazpacho | café con leche |
| Liga española | paella | guitarra | hotel | gambas al ajillo |

2 Mira el modelo y practica con tu compañero. 例にならって、絵の単語のつづりをペアで教えあいましょう。

例） Alumno A : ¿Cómo se dice "*tsukue*" en español? Alumno B : *Mesa.*

¿Cómo se escribe? *Eme-e-ese-a.*

¿Está bien así? Sí.

Gracias. De nada.

Alumno A

| pizarra | hospital | libro | autobús | bolígrafo | paraguas |

Alumno B

| mesa | diccionario | bicicleta | jardín | móvil | ventana |

3 Haced como en el modelo. Preguntad al profesor la palabra que queréis saber en español. Escuchad la palabra y escribidla como la oís en vuestro cuaderno. Después el profesor la va a deletrear. Confirmad si la habéis escrito correctamente. 例にならって、スペイン語で何と言うか知りたい単語を先生に聞きましょう。書き取った単語のつづりが正しいかどうかも確認しましょう。

例） Alumno: Profesor, ¿cómo se dice "*ichigo*" en español? Profesor: Se dice *fresa.*

Alumno: ¿Cómo se escribe? Profesor: *Efe-erre-e-ese-a.*

Alumno: Gracias.

 **Expresiones para usar en clase.** よく使う表現

16

Practica con tu compañero la pronunciación de las siguientes frases. ペアで発音練習をしま
しょう。

1) Buenas noches.

2) Hasta la próxima semana.

3) ¿Qué tal?

4) Un poco cansado/a.

5) Te presento a Marcelo.

6) Por favor.

7) Lo siento.

8) ¿Puedes repetir otra vez?

9) Habla más despacio, por favor.

10) Habla más alto, por favor.

11) Vale.

12) Con mucho gusto.

13) Tienes razón.

14) Date prisa.

15) Cuídate.

16) Te lo prometo.

17) Estoy de acuerdo.

18) Inténtalo de nuevo.

19) Comprueba.

20) ¿Cuál es tu problema?

21) ¿Qué opinas?

22) Ahora te toca a ti.

---

1) こんばんは。/ おやすみなさい。

2) また来週。

3) 元気？

4) 少し疲れています。

5) 君にマルセロを紹介します。

6) お願いします。

7) ごめんなさい。

8) もう一度繰り返してもらえますか？

9) もっとゆっくり話してください。

10) もっと大きな声で話してください。

11) OK。いいよ。

12) 喜んで。

13) 君の言う通りです。

14) 急いで。

15) 気をつけて。/ お大事に。

16) 約束します。

17) 同意します。

18) もう一度やってみてください。

19) 確認してください。

20) 君のわからないことは何ですか？

21) 君はどう思いますか？

22) 今度は君の番です。

GRAMÁTICA Y EJERCICIOS

17

1 **名詞の性** El género

スペイン語の名詞は、男性名詞と女性名詞に分けられます。

1) 自然の性のある名詞

男性名詞	amigo compañero chico hermano	profesor señor	padre
女性名詞	amiga compañera chica hermana	profesora señora señorita	madre

☐ 男女同形の名詞：estudiante artista taxista

2) 自然の性のない名詞

-o で終わる名詞の多くは男性名詞、-a で終わる名詞の多くは女性名詞です。

また、-ción, -sión, -dad で終わる語も女性名詞です。

男性名詞	libro	queso	teléfono	hotel	restaurante	café
女性名詞	casa	cerveza	mesa	estación	televisión	ciudad

☐ -a で終わる男性名詞：día　　mapa　　idioma　　sofá
☐ -o で終わる女性名詞：mano　　foto　　radio

✏ チョット 確認 **1** 　男性名詞は女性名詞に、女性名詞は男性名詞にして和訳しましょう。男女同形の名詞もあります。
Cambia de género.

1) compañera　→ _____
2) hermano　→ _____
3) pintor　→ _____
4) pianista　→ _____
5) hijo　→ _____
6) niña　→ _____
7) médico　→ _____
8) camarera　→ _____

2 **名詞の数** El número

18

1) 母音で終わる名詞：+ **s**

casa → casas　　libro → libros　　estudiante → estudiantes　　día → días

2) 子音で終わる名詞：+ **es**

hotel → hoteles　　bar → bares　　universidad → universidades

☐ -z で終わる名詞：lápiz → lápi**c**es
☐ アクセント符号の削除：estación → estaci**o**nes　　japonés → japon**es**es
☐ アクセント符号の付加：joven → jóven**es**
☐ 単複同形（単数形で最後の母音にアクセントがなく、-s で終わる語）：paraguas　　lunes

✏ チョット 確認 **2** 　次の名詞を複数形にして和訳しましょう。Cambia al plural.

1) coche　→ _____
2) martes　→ _____
3) ciudad　→ _____
4) mujer　→ _____
5) vez　→ _____
6) examen　→ _____
7) inglés　→ _____
8) vacación　→ _____

3　定冠詞と不定冠詞 El artículo determinado y el artículo indeterminado

19

定冠詞	単数		複数	
男性形	**el**	niño	**los**	niños
女性形	**la**	niña	**las**	niñas

定冠詞は、特定な人や物を示し、
「その、それらの」の意味になります。

不定冠詞	単数		複数	
男性形	**un**	libro	**unos**	libros
女性形	**una**	casa	**unas**	casas

不定冠詞は、不特定な人や物を示し、
単数は「ひとつの、ある」、
複数は「いくつかの」の意味になります。

チョット　確認　3　定冠詞と不定冠詞を書き入れ和訳しましょう。
Escribe el artículo determinado e indeterminado.

定冠詞　　　　　　　不定冠詞　　　　　　　　　　　　定冠詞　　　　　　　　不定冠詞

1) (　　　　) restaurante / (　　　　) restaurante　2) (　　　　) chicas / (　　　　) chicas

3) (　　　　) profesora　/ (　　　　) profesora　4) (　　　　) hoteles / (　　　　) hoteles

5) (　　　　) manos　　/ (　　　　) manos　　6) (　　　　) día　　/ (　　　　) día

4　主格人称代名詞 Los pronombres personales de sujeto

20

		単数		複数	
1人称	yo	私は	nosotros / nosotras	私たちは	
2人称	tú	君は	vosotros / vosotras	君たちは	
	él	彼は	ellos	彼らは	
3人称	ella	彼女は	ellas	彼女たちは	
	usted あなたは		ustedes あなた方は		

□イスパノアメリカでは vosotros、
vosotras の代わりに ustedes が
用いられます。

□usted は Ud. または Vd.、ustedes は
Uds. または Vds. と略記されます。

5　動詞 ser El verbo ser

21

	単数		複数	
1人称	yo	**soy**	nosotros / nosotras	**somos**
2人称	tú	**eres**	vosotros / vosotras	**sois**
3人称	él, ella, usted	**es**	ellos, ellas, ustedes	**son**

□主語は省略できます。

1) 職業、国籍などを表します。

Yo soy estudiante.　　Ellos son médicos.　　Ella es española.

2) ser de ＋場所：出身を表します。

A: ¿De dónde eres?　　　　　　B: Yo soy de Yokohama.

A: ¿De dónde sois?　　　　　　B: Somos japoneses, de Kioto.

A: ¿Cuál es la profesión de Carmen?　B: Es profesora.

A: ¿Es Antonio estudiante?　　　B: No, no es estudiante. Es profesor.

□動詞の前に no
を入れると否定
文になります。

VAMOS A VER

1 次の語を正しく分類しましょう。Escribe en el lugar correcto las palabras siguientes.

hijos	mujer	flores	metro
fotos	cine	leche	universidades

	男性名詞 masculino	女性名詞 femenino
単数 singular		
複数 plural		

2 1)〜5)と同じ疑問詞をa)〜e)から探しましょう。Relaciona.

1) dónde   a) *who*

2) cuál（複数形 cuáles）   b) *what*

3) cómo   c) *which*

4) quién（複数形 quiénes）   d) *where*

5) qué   e) *how*

3 下線の主語を単数は複数に、複数は単数にして、文を書きかえましょう。Cambia el número del sujeto.

1) <u>Él</u> es pianista.

2) <u>Nosotras</u> somos estudiantes.

3) ¿Es <u>usted</u> de Venezuela?

4) ¿De dónde eres <u>tú</u>?

4 下線部には動詞 ser を正しい形にして入れ、（　　）には枠内から1つ単語を選んで入れましょう。
Completa la frase con la forma correcta del verbo *ser* y una palabra del recuadro.

> profesoras　hermanos　japonés　mexicana

1) Marta _____ (_____).　2) Ellas _____ (_____).

3) Yo _____ (_____).　4) Luis y Roberto no _____ (_____).

5 スペイン語に訳しましょう。Traduce las siguientes frases al español.

1) マリアとアナは姉妹ではありません。

2) アルベルトは弁護士（abogado）で、マリオは医者です。

3)「君たちは学生なの？」「はい、スペイン語の学生です。」

4)「カルメンはメキシコ人ですか？」「いいえ、スペイン人です。」

5)「あなた方はどこの出身ですか？」「ブエノスアイレスです。」

DIÁLOGOS

1

Diálogo 1

 22

Kenji:	Hola, profesora.
Profesora:	Hola, Kenji. Mira, te presento a Cristina, una compañera de la clase de español.
Kenji:	Hola, Cristina. ¿De dónde eres?
Cristina:	Soy de Londres. ¿Y tú, Kenji?
Kenji:	Yo soy de Tokio. Encantado.
Cristina:	Encantada.

🔎 te presento a 〜 :「君に〜を紹介します」

Diálogo 2

 23

Maki:	Profesora, ¿es usted mexicana?
Profesora:	No, soy española, de Salamanca. Y tú, ¿de dónde eres?
Maki:	Soy japonesa, de Osaka.
Profesora:	¿Y tú, Ryota?
Ryota:	Yo también soy de Osaka.

🔎 también :「〜もまた」

Diálogo 3

 24

Mario:	Una hamburguesa y unas patatas fritas, por favor.
Reina:	Sí, un momento. Perdone, ¿es usted hispanoamericano?
Mario:	No, soy español.
Reina:	Pues, yo soy estudiante de español en la universidad.
Mario:	¿Ah sí? Pues, yo soy profesor de español. ¿Qué tal la clase?
Reina:	Es divertida, pero muy difícil.
Mario:	Ánimo con el español.

🔎 perdone :「すみません」
ánimo :「がんばって」

Diálogo 4

25

Moe:	Adiós. Hasta la próxima semana, profesora.
Profesora:	Adiós, Moe. Hasta la próxima semana.

PRÁCTICA

1 Mira la bandera y escribe la nacionalidad como en el modelo. 例にならって国籍を答えましょう。

例) 　　　　1)　　　　2)　　　　3)　　　　4)　　　　5)

例) Yo *soy japonés/japonesa*.

1) Vosotros .... 　　2) Él .... 　　3) Tú ....

4) Nosotros .... 　　5) Ellas ....

2 Mira el recuadro y las imágenes y completa con la profesión de las siguientes personas. 例にならって職業を答えましょう。

enfermero	camarero	abogado	médico	estudiante	futbolista	empleado
profesor	ingeniero	arquitecto	pianista	ama de casa		

例1)　　　　例2)　　　　1)　　　　2)　　　　3)　　　　4)

5)　　　　6)　　　　7)　　　　8)　　　　9)　　　　10)

例1) Ellos *son estudiantes*. 　　例2) ¿Tú *eres ingeniero*?

1) Nosotras .... 　2) Él .... 　3) ¿Vosotros .... ? 　4) Yo ....

5) ¿Usted .... ? 　6) ¿Tú .... ? 　7) ¿Vosotros .... ?

8) Ellos .... 　9) Él .... 　10) Ella ....

3 Intenta memorizar del 1 al 20 en la página 6. Después practica con tu compañero como en el modelo. ペアで、スペイン語の足し算、かけ算を練習しましょう。

例) A: 2 + 5 (dos más cinco) B: Son *siete*. // B: 3 × 4 (tres por cuatro) A: Son *doce*.

2 + 5　6 + 3　9 + 6　4 + 8 　　3 × 4　5 × 2　6 × 3　4 × 5　2 × 3
7 + 6　8 + 9　3 + 5 + 7 　　2 × 1　5 × 3　3 × 3　9 × 2　10 × 2
7 + 9　10 + 6 + 4　7 + 8 + 3 　　4 × 4　7 × 2　8 × 2

4 Relaciona. 対話が完成するように結びつけましょう。

1) Buenos días, profesor. 　　　　　a) No, no soy yo.

2) ¿Está bien así? 　　　　　　　　b) González.

3) ¿Es usted la señorita García? 　　c) Buenos días, Mao.

4) ¿Eres extranjero? 　　　　　　　d) Sí, muy bien.

5) ¿Cómo se llama de apellido? 　　e) No, soy de aquí.

5 Mira el modelo y practica con tu compañero. 例にならってペアで質問しあいましょう。

例）B: ¿Cómo se *llama*?   A: Se *llama Cristina*.

¿De dónde *es*?   *Es inglesa, de Londres.*

¿Cuál es la profesión de *Cristina*?   *Es secretaria.*

Alumno A

例）Cristina Londres secretario		1) Francisco Florencia guía	2)	3) Alicia y Ana París periodista	4)
5) Ricardo y José Buenos Aires cantante	6)	7) Alberto Berlín ingeniero	8)	9) Claudia Nueva York médico	10)

例）A: ¿Cómo se *llaman*?   B: Se *llaman Moe y Mari*.

¿De dónde *son*?   *Son japonesas, de Kobe.*

¿Cuál es la profesión de *Moe y Mari*?   *Son empleadas.*

Alumno B

	例）Moe y Mari Kobe empleado	1)	2) Carmen Sevilla ama de casa	3)	4) Diego Lima profesor
5)	6) Javier y Jaime Barcelona abogado	7)	8) Anastasia Moscú pianista	9)	10) Lucas Rio de Janeiro futbolista

6 Practicad el diálogo 1 en grupos de 3. 例にならって、3人のグループで自己紹介しあいましょう。色の
ついた名詞は自由に変えて練習しましょう。

Mariana: Hola, *profesora*.

Profesora: Hola, Mariana. Mira, te presento a Kenji, *un compañero* de la clase de español.

Mariana: Hola, Kenji, ¿de dónde eres?

Kenji: Soy de Tokio. ¿Y tú, de dónde eres?

Mariana: Yo soy de Salamanca. *Encantada*.

Kenji: *Encantado*.

7 Preséntate como en el modelo. 例にならって自己紹介を書きましょう。

例）Hola, chicos. Me llamo Mao Hashimoto. Soy japonesa, de Nagano. Soy estudiante de
español en la universidad ....   ¡Mucho gusto!

GRAMÁTICA Y EJERCICIOS

1 形容詞 El adjetivo

🎧 26

形容詞は一般に名詞の後ろに置かれ、修飾する名詞の性・数に合わせて変化します。

1) -o で終わる形容詞：性・数変化します。

un amigo alt**o**　una amiga alt**a**　unos amigos alt**os**　unas amigas alt**as**

2) -o で終わらない形容詞：数のみ変化します。

el niño alegre　la niña alegre　los niños alegre**s**　las niñas alegre**s**

☐ 国名・地名形容詞は性・数変化します。
chico japonés　chica japonesa　chicos japoneses　chicas japonesas

☐ mucho や bueno など、名詞の前に置かれる形容詞もあります。
muchas gracias　mucha gente　Buenos días. / Buenas tardes. / Buenas noches.

3) ser ＋形容詞：主語の性質、特徴、性格などを表します。

Los niños son alegres.　　Las profesoras son simpáticas.

Los coches en Cuba son muy antiguos.

✏ チョット 確認 1　（　）内の形容詞を適切な形にして名詞の後ろにつけ、和訳しましょう。Escribe la forma correcta del adjetivo.

1) (interesante): las películas _____

2) (azul) : unos zapatos _____

3) (simpático) : las chicas _____

4) (pequeño) : una casa _____

5) (difícil) : los exámenes _____

6) (blanco) : unas camisas _____

✏ チョット 確認 2　動詞 ser と形容詞を正しい形にして入れ、和訳しましょう。Escribe con la forma correcta del verbo *ser* y del adjetivo.

1) Las estudiantes _____ (alto) _____.

2) La casa _____ (blanco) _____.

3) Vosotros _____ (amable) _____.

4) Los zapatos _____ (negro) _____.

2 所有形容詞（前置形）Los adjetivos posesivos

🎧 27

私の	mi	私たちの	nuestro
君の	tu	君たちの	vuestro
彼の、彼女の、あなたの	su	彼らの、彼女たちの、あなた方の	su

名詞の前に置かれ、mi, tu, su は名詞の数に、nuestro, vuestro は名詞の性・数に一致します。

mi amigo　mi amiga　mis amigos　mis amigas

nuestro padre　nuestra madre　nuestros hermanos　nuestras hijas

✏ チョット 確認 3　所有形容詞を適切な形にして入れ、和訳しましょう。Completa con el adjetivo apropiado.

1) (君たちの　　　　　) hermana

2) (彼らの　　　　) abuelo

3) (私の　　　) padres

4) (私たちの　　　　) compañeras

5) (君の　　　) tíos

6) (彼女の　　　) amigas

3 動詞 **estar** El verbo *estar*

28

	単数		複数	
1人称	yo	**estoy**	nosotros / nosotras	**estamos**
2人称	tú	**estás**	vosotros / vosotras	**estáis**
3人称	él, ella, usted	**está**	ellos, ellas, ustedes	**están**

1) 特定の人や物の所在を表します。

A: ¿Dónde estás ahora?　　B: Estoy en casa.

A: ¿Dónde está tu casa?　　B: Está cerca de la estación.

2) estar＋形容詞：主語の一時的な状態を表します。

La sopa no está caliente.　　Ellas están cansadas.

A: ¿Cómo estás?　　B: Estoy bien, gracias. ¿Y tú?　　　　□ bien は副詞

チョット 確認 **4**　動詞 estar を正しい形にして入れ、和訳しましょう。Escribe con la forma correcta del verbo *estar*.

1) Mi bicicleta _____ delante del supermercado.　2) ¿ _____ (tú) en el autobús?

3) Mis padres ahora _____ en Londres.　4) Yo _____ en la universidad.

5) ¿Cómo _____ (vosotros)?　6) Nosotros _____ ocupados ahora.

　　　　　　　　　　　　　　□ 前置詞 de と定冠詞 el は del と一語になります。

4 指示形容詞 Los adjetivos demostrativos

29

名詞の前に置かれ、名詞の性・数に一致します。

	この		その		あの	
	単数	複数	単数	複数	単数	複数
男性	este	estos	ese	esos	aquel	aquellos
女性	esta	estas	esa	esas	aquella	aquellas

A: ¿Quién es este hombre?　B: Es mi padre. // A: ¿Qué tal es ese libro?　B: Es interesante.

A: ¿Quiénes son aquellas señoritas?　B: Son las alumnas del colegio.

1) 指示代名詞「これ」「それ」「あれ」としても使われます。

Este coche es caro, pero ese es barato. // Este es mi padre y esta es mi hermana mayor.

2) 中性の指示代名詞：esto「これ」, eso「それ」, aquello「あれ」

Eso es muy importante.

A: ¿Qué es esto?　B: Es una cámara digital. // A: ¿Qué es aquello?　B: Es un museo.

チョット 確認 **5**　指示形容詞を適切な形にして入れ、和訳しましょう。Completa con los demostrativos apropiados.

1) (この　　　　) cocina　2) (それらの　　　　　) habitaciones　3) (あれらの　　　　) chicos

4) (その　　　) edificio　5) (これらの　　　　) mesas　6) (あの　　　　) hotel

VAMOS A VER

1 反対の意味の表現を探しましょう。 Relaciona.

1) cerca de ～「～の近くに」   a) detrás de ～

2) delante de ～「～の前に」   b) fuera de ～

3) encima de ～「～の上に」   c) lejos de ～

4) dentro de ～「～の中に」   d) a la derecha de ～

5) a la izquierda de ～「～の左に」   e) debajo de ～

2 下線の語を複数形にして、文を書きかえましょう。 Pon la palabra subrayada en plural.

1) Aquel edificio es alto.

2) Nuestra amiga es de Colombia.

3) Ese hotel está lejos del aeropuerto.

4) Ahora mi padre no está en casa.

3 誤りを1カ所見つけて直しましょう。 Corrige la palabra que está equivocada.

1) Estas coches son japoneses.

2) ¿Vuestros profesor es de Salamanca?

3) Nuestra universidad están cerca de la estación.

4) ¿Aquella chica eres tu hermana?

5) La farmacia está detrás de el hospital.

4 正しい語を1つ選びましょう。 Elige la palabra correcta.

1) { Nuestro / Mi / El } habitación está a la izquierda del pasillo.

2) { Este / Esta / Él } es mi prima Isabel.

3) ¿De dónde { estás / eres / es } tu amigo?

4) La estación está en el centro { de / en / a } la ciudad.

5) { Su / Nuestra / Vuestros } hermano es alto y un poco gordo.

5 スペイン語に訳しましょう。 Traduce las siguientes frases al español.

1) 私の両親は今家にいません。

2) 「君の大学はどこにあるの？」「駅の近くにあります。」

3) 私たちの妹は背が高くてやせています (delgado)。

4) 窓 (ventana) はベッド (cama) の左にあります。

5) あの女性 (mujer) は君たちの先生ですか？

DIÁLOGO Y LECTURA

La familia de Javi
30

Noemi:	Oye, Javi, ¿cuántos sois en tu familia?
Javi:	Somos cinco, mi padre, mi madre, mi hermano mayor, mi hermana menor y yo.
Noemi:	¿Cuál es la profesión de tu padre?
Javi:	Es abogado. Es alto y rubio. Además es trabajador y muy amable.
Noemi:	¿Y tu madre?
Javi:	Es oficinista. Es un poco baja, pero muy simpática y alegre. Mi hermano mayor Alex es universitario. Él es serio y estudioso. Mi hermana menor, Clara, es inteligente y muy guapa, pero no es buena estudiante.

🔎 ¿Cuántos sois en tu familia? :「君は何人家族ですか？」
además :「その上」

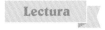 **La casa de Javi**
31

Mi casa es muy grande y luminosa. A la entrada está el recibidor. A la izquierda del pasillo está la cocina y a la derecha está el salón-comedor. En frente del salón-comedor está el cuarto de baño grande. Al lado está mi habitación. Al fondo a la izquierda está la habitación de mi hermano mayor. Entre mi habitación y la habitación de mi hermano está el baño pequeño. Al fondo, a la derecha está la habitación de mis padres. La habitación de mi hermana está entre el salón-comedor y la habitación de mis padres.

🔎 al lado :「横に、そばに」
al fondo :「突き当たりに」

☐ 前置詞 a と定冠詞 el は al と一語になります。

PRÁCTICA

1 Mira la ficha de cada persona y contesta a las preguntas de tu compañero. 例にならってペアで質問し、答えを書き入れましょう。

例）B: ¿Cómo se *llama*?   A: Se *llama Beatriz*.

　　　¿De dónde *es*?   *Es de Granada*.

　　　¿Cuál es su profesión?   *Es enfermera*.

　　　¿Cómo *es*?   *Es alta, delgada y alegre*.

Alumno A

例) **Beatriz**	1)	2) **Irene**	3)	4) **Laura y Clara**
Granada		Barcelona		Zaragoza
enfermero		secretaria		profesor
alto, delgado,		alto, joven,		bajo, nervioso,
alegre		amable		sincero

Alumno B

例)	1) **Luis**	2)	3) **Fermín y Lucía**	4)
	Valencia		Sevilla	
	ingeniero, bajo,		arquitecto	
	un poco gordo,		delgado, inteligente,	
	simpático		alegre	

2 Mira las imágenes, usa las expresiones de lugar del recuadro y haz como en el modelo. 例にならって、枠内の表現を使いながら、どこにあるのか答えましょう。

a la derecha de	a la izquierda de	delante de	detrás de	encima de
debajo de	al lado de	en	cerca de	lejos de

例）A: ¿Dónde está la ventana?   B: *Está a la derecha de la cama*.

例)

1) ¿Dónde está el florero?

2) ¿Dónde está el cuadro?

3) ¿Dónde está el libro?

4) ¿Dónde está la mesilla de noche?

5) ¿Dónde está la señorita?

6) ¿Dónde están las ventanas?

7) ¿Dónde está la casa?

8) ¿Dónde está la alfombra?

9) ¿Dónde está el hospital?

3 Completa las frases con el adjetivo posesivo correspondiente. 空欄に適切な所有形容詞を入れましょう。

例）Elena y *su* hermana

例）

1)

2)

3)

4)

5)

1) el señor García, _____ mujer y _____ hijos 2) yo y _____ padres

3) Luis y _____ amigos 4) Ricardo y _____ hermanas

5) _____ marido y yo, y _____ dos hijos

4 Mira la página 19 y dibuja el plano de tu casa del futuro y explica dónde está cada habitación.
19ページを参考に、あなたが将来住む家の間取りを描いて、どこにどのような部屋があるか説明してください。

5 Contesta a las siguientes preguntas. 次の質問に自由に答えましょう。

1) ¿Cuántos sois en tu familia?

2) ¿Cuál es la profesión de tu padre y de tu madre?

3) ¿Cómo son tus padres?

4) ¿Cómo son tus hermanos?

6 Ahora mira el modelo de la familia de Javi y escribe sobre tu familia. 19ページの会話を参考に、あなたの家族について書きましょう。

GRAMÁTICA Y EJERCICIOS

1 動詞 haber El verbo *haber*
32

動詞 haber の特殊形である hay は、**不特定**の人や物の存在を表します。英語の *there is* や *there are* に相当します。

Aquí hay un restaurante.　　Hay veinte estudiantes en esta clase.

Hay solo tres huevos en la nevera.　　Hay unos niños en el parque.

Hay muchos bares en España.

A: ¿Hay una farmacia por aquí?　　B: Sí, hay una en la calle Goya.

2 動詞 estar と haber *Estar / haber*
33

特定の人や物の所在を表す場合は estar を使います。

A: ¿Dónde está la farmacia VIP?　　B: Está en la calle Goya.

Roberto está en la oficina.　　El restaurante "El SOL" está cerca de la estación de Tokio.

hay（不特定）	estar（特定）
〜が（…に）ある・いる	〜は（…に）ある・いる
un / una / unos / unas +名詞 数詞＋名詞 mucho / mucha / muchos / muchas +名詞 冠詞のつかない名詞	el / la / los / las +名詞 mi / tu / su, ... +名詞 este / ese / aquel, ... +名詞 主格人称代名詞、固有名詞
En la universidad hay una cafetería. Hay muchos turistas en Asakusa.	La cafetería está en la universidad. Los turistas mexicanos ahora están en Asakusa.

チョット 確認 1　hay または動詞 estar を正しい形にして入れ、和訳しましょう。
Completa con la forma adecuada del verbo *haber* o *estar*.

1) Mi casa _____ lejos de la estación.　　2) ¿(Tú) _____ en casa ahora?

3) En la clase _____ muchos estudiantes.　　4) En esta ciudad _____ tres templos.

5) ¿_____ leche en la nevera?　　6) Perdón, ahora (yo) _____ en el tren.

3 ser ＋形容詞, estar ＋形容詞 *Ser / estar + adjetivo*
34

1) ser ＋形容詞：主語の性質、特徴、性格などを表します。

La Liga de fútbol española es muy interesante.　　Mi hermana es muy simpática.

2) estar ＋形容詞：主語の一時的な状態を表します。

Estamos muy ocupados.　　Mi madre está resfriada.

A: ¿Estáis cansados?　　B: Sí, estamos un poco cansados.

□ ser か estar を使うかで、意味が異なる形容詞があります。

María y Carmen son alegres. María y Carmen están alegres.

Soy nervioso. Ahora estoy nervioso.

チョット 確認 2 動詞 ser または estar を正しい形にして入れ、和訳しましょう。
Completa con la forma adecuada del verbo *ser* o *estar*.

1) La habitación de Antonio _____ grande. 2) La sopa _____ fría.

3) Los chicos _____ simpáticos. 4) Este edificio _____ muy antiguo.

5) Vosotros _____ muy amables. 6) Yo _____ contenta.

4 動詞 **tener** El verbo *tener*

35

tener (持つ)				
	単数		**複数**	
1人称	yo	ten**go**	nosotros / nosotras	ten**emos**
2人称	tú	tienes	vosotros / vosotras	ten**éis**
3人称	él, ella, usted	tiene	ellos, ellas, ustedes	tie**nen**

A: ¿Cuántos años tienes? B: Tengo diecinueve años.

A: ¿Tienes hermanos? B: Sí, tengo un hermano mayor y una hermana menor.

tener ＋名詞の表現：tener + hambre / sed / sueño / calor / frío

Tengo sueño.

Esos niños tienen mucha hambre.

A: ¿Tienes frío? B: No, no tengo frío.

チョット 確認 3 動詞 tener を正しい形にして入れ、和訳しましょう。
Completa con la forma adecuada del verbo *tener*.

1) Mi hermano menor _____ hambre. 2) Mis hijos _____ sueño.

3) ¿_____ (tú) sed? 4) Yo _____ mucho calor.

5) ¿Cuántos años _____ (vosotros)? 6) Nosotros _____ cuatro hijos.

VAMOS A VER

1 hay または動詞 estar, tener の活用形を入れましょう。
Completa con la forma adecuada del verbo *haber*, *estar* o *tener*.

1) El supermercado "El Campo" _____ ahí.

2) Detrás de la estación _____ dos supermercados.

3) A: ¿Dónde _____ mis gafas?   B: _____ ahí, al lado de la cama.

4) A: ¿Qué _____ en tu habitación?   B: _____ un sofá y una mesa pequeña.

5) (Yo) _____ calor porque las ventanas _____ cerradas.

2 動詞 ser または estar の活用形を入れ、さらに斜体字の形容詞を適切な形にしましょう。
Completa con la forma adecuada del verbo *ser* o *estar* con la forma correcta del adjetivo.

1) ¿Vuestra madre _____ *resfriado*?   2) María _____ muy *contento*.

3) Nuestra ciudad _____ *pequeño*.   4) Carla y tú _____ muy *amable*.

5) Aquellos hoteles _____ *grande*.   6) Esta paella _____ muy *bueno*.

3 正しい動詞を選びましょう。Elige un verbo correcto.

1) ¿La Oficina de Correos { está / están / hay } cerca de aquí?

2) A: ¿Dónde { está / estás / es } tu casa?   B: { Estoy / Está / Hay } detrás del parque.

3) Hoy { soy / estoy / tengo } un examen de español. { Soy / Estoy / Tengo } muy preocupada.

4) Este edificio { está / tiene / es } muy antiguo y no { está / tiene / es } ascensor.

5) { Soy / Estoy / Tengo } mucha sed, pero no { tiene / está / hay } refrescos en la nevera.

4 正しい答えを探しましょう。Relaciona.

1) ¿Tienes hermanos?   a) No, estoy muy bien.

2) ¿Cómo es su hijo?   b) No, muy poca.

3) ¿Hay mucha gente en el restaurante?   c) Sí, tengo una hermana mayor.

4) ¿Estás resfriada?   d) Sí, mañana tenemos un examen muy importante.

5) ¿Estáis ocupados esta tarde?   e) Es simpático y muy estudioso.

5 スペイン語に訳しましょう。Traduce las siguientes frases al español.

1) ソファーの前には小さな机が１つあります。

2) 「君たちの先生 (profesor) は優しい？」「うん、とても優しいよ。」

3) 「君の辞書はどこにあるの？」「本棚 (estantería) の中だよ。」

4) 「彼女の弟は何歳ですか？」「12歳です。」

5) 「君、おなかすいてる？」「いや、でも喉がとても渇いている。」

LECTURA Y DIÁLOGOS

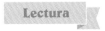 **Lectura**   **La ciudad de Javi** 36

Mi ciudad no es muy grande, pero es bonita y tranquila. Está junto al mar. En el centro de la ciudad está la estación de tren. A su derecha está el hotel Victoria y al lado del hotel hay una comisaría de policía. A la izquierda de la estación están los Almacenes Preciados. En los Almacenes hay un supermercado muy grande, un banco, una farmacia, muchas tiendas y restaurantes. Detrás de la estación está la Oficina de Correos y al lado está el hospital La Cruz Roja. Delante de la entrada de la estación hay un quiosco y en frente está el parque Veracruz. Dentro del parque hay un campo de fútbol y muchas canchas de tenis.

Diálogo 1   37

Kenji: Perdone, ¿hay una comisaría de policía por aquí?

Señor: Sí, al lado del hotel Victoria hay una.

Kenji: Gracias.

Diálogo 2   38

Mao: Perdone, ¿dónde están los Almacenes Preciados?

Señora: Están a la izquierda de la estación.

Mao: Gracias.

Diálogo 3   **La vuelta del colegio de Javi y Clara** 39

Madre: (por el interfón) ¿Quién es?

Javi: Mamá, somos nosotros.

Madre: Adelante hijos.

Javi: Mamá, ¿por qué están abiertas las ventanas? ¡Por favor, mamá, tenemos mucho frío!

Madre: Un momento. Vale, ya están cerradas. ¿Qué tal las clases?

Javi: La clase de inglés es muy interesante, pero la pronunciación es muy difícil.

Clara: Pues la clase de español es muy divertida.

Madre: ¿Tenéis hambre?

Javi: Yo no tengo mucha hambre, mamá.

Clara: Yo tampoco, pero tengo sed.

Madre: Vale. ¿Qué tal un zumo de naranja?

Javi: Gracias, mamá. Está muy bueno.

 ¿por qué ~ ? :「なぜ～なの？」
yo tampoco :「私も～ではない」

PRÁCTICA

1 Mira las imágenes y completa las frases con uno de los adjetivos del recuadro y los verbos SER o ESTAR. 枠内の形容詞と、動詞 ser または estar を使って、文を完成させましょう。

> caliente   enfermo/a   grande   alto/a   amable   pequeño/a

例）La profesora *es amable*.

1) La casa ⎯⎯⎯⎯⎯⎯⎯⎯⎯⎯⎯⎯⎯⎯

2) La sopa ⎯⎯⎯⎯⎯⎯⎯⎯⎯⎯⎯⎯⎯⎯

3) El niño ⎯⎯⎯⎯⎯⎯⎯⎯⎯⎯⎯⎯⎯⎯

4) La mesa ⎯⎯⎯⎯⎯⎯⎯⎯⎯⎯⎯⎯⎯⎯

5) Los edificios ⎯⎯⎯⎯⎯⎯⎯⎯⎯⎯

2 Completa las frases con uno de los verbos del recuadro. 枠内の動詞を適切な形にして入れ、文を完成させましょう。

> ser   estar   tener   haber (hay)

例）Francisco no *es* estudioso y *tiene* malas notas.

1) Teresa ⎯⎯⎯⎯⎯ alta, pero su hermana es baja porque ⎯⎯⎯⎯⎯ solo 10 años.

2) En la clase ⎯⎯⎯⎯⎯ 6 alumnos, pero el profesor no ⎯⎯⎯⎯⎯.

3) Ellos ⎯⎯⎯⎯⎯ frío porque las ventanas ⎯⎯⎯⎯⎯ abiertas.

4) Javier ⎯⎯⎯⎯⎯ enfermo y ⎯⎯⎯⎯⎯ fiebre.

5) El restaurante cerca de mi casa ⎯⎯⎯⎯⎯ muy bueno y barato, pero siempre ⎯⎯⎯⎯⎯ poca gente.

6) Clara ⎯⎯⎯⎯⎯ muy contenta porque hoy ella no ⎯⎯⎯⎯⎯ clase y ⎯⎯⎯⎯⎯ con sus amigas.

7) Javier ⎯⎯⎯⎯⎯ muy simpático y ⎯⎯⎯⎯⎯ muchos amigos.

8) Marisa ⎯⎯⎯⎯⎯ en la montaña y ⎯⎯⎯⎯⎯ mucho frío.

3 Escribe qué muebles y aparatos eléctricos hay normalmente en cada una de las siguientes habitaciones. 枠内の単語の意味を調べて、例にならって、各部屋にあるものを答えましょう。

> lavavajillas   microondas   tostadora   armario   cama   espejo
> estantería   inodoro   lavadora   mesa   escritorio   sofá
> silla   sillón   cortina   alfombra   nevera   televisión   bañera

例）Normalmente en una cocina *hay un lavavajillas, un microondas, una tostadora y una nevera*.

En un salón-comedor:　　　　　　　En un cuarto de baño:

En un dormitorio:

4 Practica con tu compañero. Lee lectura "La ciudad de Javi" y pregunta a tu compañero como en los diálogos 1 y 2 por los siguientes lugares. 25ページの読み物を参考に、質問に答えましょう。

例）A: Perdone, ¿dónde está la estación?　　B: *Está en el centro de la ciudad.*

1) ¿Dónde está el hotel Victoria?

2) ¿Dónde hay una comisaría de policía?

3) ¿Dónde están los Almacenes Preciados?

4) ¿Dónde está el parque Veracruz?

5) ¿Dónde hay un supermercado?

6) ¿Dónde está la Oficina de Correos?

7) ¿Dónde hay un campo de fútbol?

8) ¿Dónde está el hospital La Cruz Roja?

5 Escribe una composición sobre tu ciudad. 25ページの読み物を参考に、あなたの住んでいる町について書きましょう。

....

....

....

....

6 Contesta a las siguientes preguntas. 次の質問に自由に答えましょう。

1) ¿Cuántos años tienes?

2) ¿Estás cansado/a hoy?

3) ¿Cuántos hermanos tienes?

4) ¿Tienes fiebre?

5) ¿Tienes hambre ahora?

6) ¿Eres estudioso/a?

7) ¿Tienes muchos amigos?

8) ¿Qué muebles hay en tu habitación?

GRAMÁTICA Y EJERCICIOS

40

1 直説法現在―規則動詞 El presente de indicativo — Verbos regulares

	-ar 動詞	-er 動詞	-ir 動詞
	hablar（話す）	**comer**（食べる）	**vivir**（住む）
yo	habl**o**	com**o**	viv**o**
tú	habl**as**	com**es**	viv**es**
él, ella, usted	habl**a**	com**e**	viv**e**
nosotros, nosotras	habl**amos**	com**emos**	viv**imos**
vosotros, vosotras	habl**áis**	com**éis**	viv**ís**
ellos, ellas, ustedes	habl**an**	com**en**	viv**en**

-ar 動詞：compr**ar**　enseñ**ar**　esper**ar**　estudi**ar**　lleg**ar**　practic**ar**　pregunt**ar**　tom**ar**　
　　　　trabaj**ar**　viaj**ar**　visit**ar**

-er 動詞：aprend**er**　beb**er**　le**er**　vend**er**

-ir 動詞：abr**ir**　escrib**ir**　recib**ir**

 チョット 確認 **1**　次の動詞の活用形を書きましょう。Conjuga los siguientes verbos.

1) estudiar　　2) viajar　　3) aprender　　4) leer　　5) abrir　　6) escribir

直説法現在の用法

1) 現在の事柄（動作・状態・習慣）を表します。

　　A: ¿Estudiáis (vosotros) español?　　B: Sí, estudiamos español.

　　A: ¿Qué compras (tú) en la tienda?　　B: Compro ropa.

　　A: ¿Habla María inglés?　　B: No, no habla inglés. Habla francés.

　　A: ¿Vende usted el coche?　　B: Sí, vendo el coche.

　　A: ¿Lees el periódico en casa?　　B: No, no leo el periódico en casa.

　　A: ¿Dónde vive Cristina?　　B: Vive en Madrid.

　　A: ¿Bebes café por la mañana?　　B: No, bebo té.

　　Escribo una carta a Pedro.　　　　　　　　　　　　　　□ a ~：「~に」

2) 確実性の高い未来の事柄を表します。

　　Mañana mi amiga peruana llega a Japón.

チョット 確認 **2**　（　　）内の不定詞（動詞の原形）を直説法現在の正しい形にし、和訳しましょう。さらに［　］
の主語に変えましょう。Conjuga correctamente los verbos.

1) María (comprar)＿＿＿＿＿＿ unos zapatos.　　　　　　［ustedes］

2) Los estudiantes (estudiar)＿＿＿＿＿＿ en la biblioteca.　　［Pepa］

3) ¿(abrir, yo)＿＿＿＿＿ la ventana?　　　　　　　　　　［nosotros］

4) Miguel y yo (beber)＿＿＿＿＿ vino.　　　　　　　　　［yo］

5) Los argentinos (comer)＿＿＿＿＿ mucha carne, ¿verdad?　［tú］

チョット 確認 3 質問文の動詞を用いて下線部に動詞を正しい形にして入れ、和訳しましょう。
Conjuga correctamente los verbos.

1) A: ¿Esperas el autobús?   B: Sí, _____ el autobús.

2) A: ¿Habla Ud. italiano?   B: No, no _____ italiano.

3) A:¿Cuántos periódicos leéis?   B: _____ dos.

4) A: ¿Qué tomas?   B: _____ un café con leche.

5) A: ¿Cuándo abren Uds. la tienda? B: _____ la tienda por la tarde.

---

2 数（1〜100） Los numerales (1-100)

1 uno	2 dos	3 tres	4 cuatro	5 cinco
6 seis	7 siete	8 ocho	9 nueve	10 diez
11 once	12 doce	13 trece	14 catorce	15 quince
16 dieciséis	17 diecisiete	18 dieciocho	19 diecinueve	20 veinte
21 veintiuno	22 veintidós	23 veintitrés	24 veinticuatro	25 veinticinco
26 veintiséis	27 veintisiete	28 veintiocho	29 veintinueve	30 treinta
31 treinta y uno	32 treinta y dos	33 treinta y tres	40 cuarenta	50 cincuenta
60 sesenta	70 setenta	80 ochenta	90 noventa	100 cien

1 (uno) と21以降の uno で終わる数には、男性形と女性形があります。

uno は男性名詞の前で **un** に、女性名詞の前で **una** になります。

 un chico una chica veintiún años veintiuna horas

 treinta y un días cuarenta y una casas cincuenta y un libros

---

3 時刻の表現 La hora

1) 動詞 ser を用い、「〜時」を表す数に女性定冠詞をつけます。

 A: ¿Qué hora es? B: Es la una. // Son las tres. // Son las ocho en punto.

2)「〜時〜分」を表すときは間に y を置きます。cuarto は「15分」、media は「半（30分）」です。

 Son las nueve y diez. Son las cuatro y cuarto. Son las dos y media.

3) 30分を過ぎると menos を用いて「〜分前」と表現します。

 Son las once menos cinco de la noche. Son las siete menos veinte.

4)「〜時に」を表現するには前置詞 a を用います。

 A: ¿A qué hora cenas? B: Ceno a las siete más o menos.

チョット 確認 4 動詞 ser を用いて、時刻をスペイン語にしましょう。Escribe la hora en español.

1) 1:15 _____   2) 12:30 _____

3) 9:50 _____   4) 4:05 _____

5) 10:40 _____   6) 2:25 _____

29

VAMOS A VER

1 次の動詞の不定詞と意味を書きましょう。 Escribe el infinitivo del verbo conjugado.

例）hablo (*hablar*, 話す)

1) contesto (   )   2) desayuno (   )

3) leo   (   )   4) viajo   (   )

5) bebo   (   )   6) escribo   (   )

2 空欄に適切なアルファベットを入れて、文を完成させましょう。 Completa el verbo en la forma correcta.

1) Ricardo y yo p_ac_ _ca_ _ _ el baloncesto una vez a la semana.

2) Ellas a_r_nd_ _ inglés en una academia.

3) A: Luis, ¿qué lenguas _ab_ _ _?   B: _ _bl_ francés y un poco de inglés.

4) El Museo del Prado a_r_ a las 9.

5) ¿Es _r_b_s mensajes a tus amigos?

3 枠内から適切な動詞を1つ選び、直説法現在の正しい形にして入れましょう。 Completa con el verbo adecuado del recuadro.

> asistir   desayunar   limpiar   pasear   tocar

1) Nosotros _____ un café con leche.

2) Por la mañana yo _____ la habitación.

3) ¿No _____ (vosotros) a clase?

4) Mi hija _____ el piano muy bien.

5) A veces Julio y Rosa _____ por este parque.

4 数の読み方に誤りがあれば直しましょう。 Lee los números.

1) 37: treinta y siete   2) 76: sesenta y seis

3) 53: cincuenta y tres   4) 18: veintiocho

5) 41 minutos: cuarenta y uno minutos   6) 91 horas: noventa y uno horas

5 スペイン語に訳しましょう。 Traduce las siguientes frases al español.

1) カルメンはワインを飲みません。

2) 私たちは毎日（todos los días）新聞を読みます。

3) 彼らは午前中（por la mañana）家で勉強します。

4) 私の母は銀行で働いています。

5) 「君たちはどこに住んでいるの？」「公園の近くです。」

DIÁLOGOS

Diálogo 1

Ricardo:	¿Estudias o trabajas?
Irene:	Estudio Economía en la universidad. ¿Y tú?
Ricardo:	Yo trabajo en un hotel, pero por la noche estudio inglés en una academia.
Irene:	¿Dónde vives?
Ricardo:	Vivo en Madrid, cerca de la estación de Atocha. ¿Y tú?
Irene:	En el barrio Salamanca, en un apartamento.
Ricardo:	¿Qué deporte practicas?
Irene:	Practico la natación. ¿Y tú?
Ricardo:	Yo no practico deportes.

Diálogo 2

Esteban:	Oye, Marisa. ¿Qué hora es?
Marisa:	Son las 10:45. ¿Por qué preguntas la hora?
Esteban:	Es que a las 11 tengo la clase de inglés.
Marisa:	¿Estudias inglés?
Esteban:	Sí, para viajar por todo el mundo el inglés y el español son lenguas muy necesarias.
Marisa:	Sí, eso es verdad. ¿Qué tal tu inglés?
Esteban:	Más o menos.
Marisa:	Tu profesora, ¿habla español?
Esteban:	Muy poco. A veces cuando paseamos juntos, ella pregunta en español y yo contesto en inglés y así practicamos.
Marisa:	¿Os entendéis?
Esteban:	Así así.
Marisa:	¿Está contenta en España?
Esteban:	Sí, está muy contenta.

 es que 〜：「〜（という訳）なのです」
cuando 〜：「〜するときに」
¿Os entendéis?：「君たちは理解しあっているの？」
así así：「まあまあ」

PRÁCTICA

1 Mira el modelo y practica con tu compañero. 例にならって、ペアで質問しあいましょう。

例） Alumno B　¿Cómo *se llama*?　　　　Alumno A　*Se llama Marcelo.*

¿Dónde *trabaja*?　　　　　　　　　*Trabaja en un hotel.*

¿Dónde *vive*?　　　　　　　　　　　*Vive en Madrid.*

¿Qué lenguas *habla*?　　　　　　　*Habla inglés y español.*

¿Qué *estudia*?　　　　　　　　　　*Estudia alemán en una academia.*

¿Qué deporte *practica*?　　　　　　*Practica la natación.*

Alumno A

例） **Marcelo**	1)	2) **Lucía y Nati**	3)
Trabajar / hotel Vivir / Madrid Hablar / inglés y español Estudiar / alemán / academia Practicar / natación		Trabajar / banco Vivir / Valencia Hablar / inglés Estudiar / Economía Practicar / baloncesto	

Alumno B

例）	1) **Luis y Pablo**	2)	3) **Elena**
	Trabajar / cafetería Vivir / Granada Hablar / español y francés Estudiar / Derecho Practicar / fútbol		Trabajar / restaurante Vivir / Barcelona Hablar / inglés y español Estudiar / Literatura inglesa Practicar / tenis

2 Aquí tienes la respuesta. Haz la pregunta como en el modelo. Después haz esa misma pregunta a tu compañero. 例にならって下線部を尋ねる質問を作りましょう。そのあとペアの相手に同じ質問をしてみましょう。

例） A: Ella desayuna <u>un café con leche y unos churros</u>.　　B: *¿Qué desayuna ella?*
　　　　　　　　　　　　　　　　　　　　　　　　　　　　　　　¿Qué desayunas tú?

1) Nosotros trabajamos <u>en una cafetería</u>.

2) Ella compra la fruta <u>en el supermercado cerca de su casa</u>.

3) Yo estudio español <u>en una academia</u>.

4) Ellos hablan <u>inglés</u>.

5) Nosotros vivimos <u>en Madrid</u>.

6) Yo practico <u>el baloncesto</u> en un gimnasio.

7) Yo estudio <u>español</u> en la universidad.

3 Tapa con un papel los relojes de tu compañero y pregúntale por la hora. Después escribe las manecillas en tu reloj. 例にならってペアで時刻を聞きあい、時計の針を描き入れましょう。

例）B: ¿Qué hora es?   A: *Son las tres y cuarto.*

　　　Gracias.　　　　　　　　　　De nada.

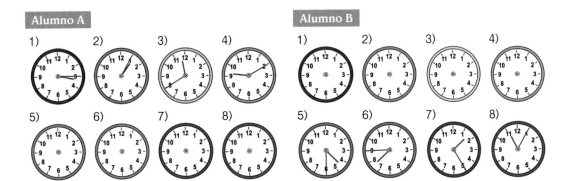

4 Mira la presentación y haz la tuya y preséntate delante de todos. 次の文章を読んだあと、あなた自身のことについて、みんなの前で発表しましょう。
45

　　　Hola, me llamo Luis García. Soy español de Madrid. Vivo en Madrid en un apartamento. Estudio Economía, inglés y alemán en la Universidad Autónoma de Madrid. Trabajo en una hamburguesería tres días a la semana. Hablo español, francés y un poco de inglés. Toco el piano. Practico el baloncesto una vez a la semana.

5 Ahora escribe aquí tu presentación. あなたの自己紹介文を書きましょう。

GRAMÁTICA Y EJERCICIOS

1 直説法現在 ―1人称単数不規則動詞 (**ir, ver, hacer, poner, salir**)
Los verbos: *ir, ver, hacer, poner, salir*

46

ir（行く）	ver（見る、会う）	hacer（する、作る）	poner（置く）	salir（出る、出かける）
voy	**veo**	ha**go**	pon**go**	sal**go**
vas	ves	haces	pones	sales
va	ve	hace	pone	sale
vamos	vemos	hacemos	ponemos	salimos
vais	veis	hacéis	ponéis	salís
van	ven	hacen	ponen	salen

A: ¿A dónde vas?　　　　B: Voy a la biblioteca.

A: ¿Qué haces por la noche?　　　　B: Leo libros.

A: ¿Dónde pongo mi maleta?　　　　B: Allí, por favor.

A: ¿A qué hora sales de casa?　　　　B: Salgo de casa a las ocho y media.

Veo las noticias por la televisión.

チョット 確認 **1** 動詞 ir, ver, hacer, poner, salir のいずれかを直説法現在の正しい形にし、和訳しましょう。さ
らに [ ] の主語に変えましょう。Completa con la forma adecuada del verbo *ir, ver, hacer, poner o salir.*

1) A veces (yo) _____ a los abuelos.　　　　[nosotros]

　　□ 直接目的語が特定の人の場合、「a＋人」となります。

2) Este sábado Ana y su marido _____ de Narita para España.　[yo]

3) ¿Qué _____ (tú) los fines de semana?　　　　[vosotros]

4) ¿_____ (vosotros) azúcar en el café?　　　　[tú]

5) Este domingo yo _____ al cine.　　　　[mi hermana]

2 疑問詞 Los interrogativos

47

qué　　　　A: ¿Qué haces después de las clases?　B: Voy de compras.

dónde　　　　A: ¿Dónde viven tus tíos?　B: Viven en Barcelona.

cómo　　　　A: ¿Cómo vas a la universidad?　B: Voy en tren.

quién, quiénes　　A: ¿Quiénes son aquellos chicos?

　　　　B: Son mis compañeros de la clase de inglés.

cuándo　　　　A: ¿Cuándo trabajas?　B: Trabajo los domingos.

cuál, cuáles　　A: ¿Cuáles de estos son tus zapatos?　B: Son esos.

□ cuál, cuáles の直後に名詞は来ません。¿~~Cuáles~~ lenguas hablas? → ¿*Qué* lenguas hablas?

cuánto　　　　A: ¿Cuánto es un café con leche?　B: Dos euros.

cuánto, cuánta, cuántos, cuántas

　　　　A: ¿Cuántos libros lees al mes?　B: Leo uno o dos.

　　　　A: ¿Cuántas horas trabajas al día?　B: Trabajo cinco horas.

por qué　　　A: ¿Por qué no haces los deberes?　B: Porque estoy enfermo.

チョット 確認 2 適切な疑問詞を下線部に書き入れ、和訳しましょう。Completa con la partícula interrogativa adecuada.

1) A: ¿_____ son tus gafas de sol?　B: Son estas.

2) A: ¿_____ lenguas hablas?　B: Hablo japonés, inglés y un poco de español.

3) A: ¿_____ horas ves la tele al día?　B: Una hora más o menos.

4) A: ¿_____ son aquellos chicos?　B: Son mis primos.

3　主な前置詞 Las preposiciones

🎧 48

1) a　「(場所)へ」　A: ¿A dónde vais siempre en las vacaciones?　B: Vamos a la playa.

　　　「(人)に」　A: ¿A quién escribes?　B: A mi abuela.

　　　「(時刻)に」　A: ¿A qué hora llega el autobús?　B: A las siete y media.

　　　「(人)を」　A: ¿A quién esperas?　B: Espero a mi amiga.

2) de　「〜の」　A: ¿De quién es este coche?　B: Es de mi padre.

　　　「〜から」　A: ¿De dónde es tu amigo?　B: Es de Perú.

3) en　「〜(の中)に / で」　A: ¿Dónde vives?　B: Vivo en Buenos Aires.

　　　「〜の上に」　A: ¿Dónde están mis gafas?　B: Están en la mesa del comedor.

　　　「(乗り物)で」　A: ¿Cómo vas al trabajo?　B: Voy en moto.

4) con　「〜と一緒に」　A: ¿Con quién vives?　B: Vivo con mi hermana mayor.

　　　「(道具・もの)で」　A: ¿Con qué libro estudias la gramática?　B: Con este.

5) por　「〜のために」　A: ¿Por qué estudias español?　B: Porque su cultura es interesante.

　　　「〜の間」　Tengo dos clases por la mañana.　参考：por la tarde, por la noche

　　　「(場所)を」　Todos los años sus padres viajan por Europa.

6) para　「〜のために」　Paula estudia Derecho para ser abogada.

　　　「〜行き(宛て)の」　A: ¿De dónde sale el autocar para Bilbao?　B: Aquí mismo.

チョット 確認 3 適切な前置詞を書き入れ、和訳しましょう。Completa con la preposición adecuada.

1) Espero (　　　) mis amigos.

2) Normalmente (　　　) las mañanas bebo un vaso de agua.

3) Voy (　　　) la estación (　　　) bicicleta.

4) José estudia japonés (　　　) trabajar de guía.

4　天候表現 El tiempo

🎧 49

A: ¿Qué tiempo hace hoy?　B: Hace calor. // Hace mucho frío. // Hace sol. // Hace viento.

　　　　　　　　　　　　　　　　Hace buen tiempo.　//　Hace muy mal tiempo.

□ bueno, malo は男性単数名詞の前で buen, mal になります。

En junio llueve mucho en Japón.　　En el norte de Japón nieva mucho en invierno.

□ llueve ＞ llover　nieva ＞ nevar（Unidad 6参照）

VAMOS A VER

1 空欄にあてはまる動詞を選んで入れましょう。Completa las expresiones con los verbos del recuadro.

　　hacer　　ir　　tener　　ver

1) (　　　　　　) en tren　　　2) (　　　　　　) la televisión　　3) (　　　　　　) deporte

4) (　　　　　　) los deberes　　5) (　　　　　) a la playa　　6) (　　　　　　) hambre

2 正しい語順に並べ替え、疑問文を完成させましょう。Construye la frase.

1) ¿ { es / número / cuál / tu / teléfono / de } ?

2) ¿ { de / tus / son / dónde / amigos } ?

3) ¿ { quién / con / viajas / Perú / por } ?

4) ¿ { llegan / de / tus / Madrid / cuándo / amigos } ?

5) ¿ { horas / trabajas / los / sábados / cuántas } ?

3 前置詞の誤りを見つけて直しましょう。Corrige la preposición equivocada.

1) Vivo en mis padres y un perro.

2) A veces voy al trabajo de moto.

3) Llegamos en la universidad a las 10.

4) Pongo tu café a la mesa.

4 A, B, C から1つずつ語句を選んで、文を作りましょう。Construye las frases.

A	B	C
Salgo	voy de compras	mucho
En Tokio	de copas	al mercado
A veces	es de	mi hermano
Esta bicicleta	no nieva	con los amigos

1) _____　　2) _____

3) _____　　4) _____

5 スペイン語に訳しましょう。Traduce las siguientes frases al español.

1) アントニオは毎日スポーツをします。

2) 私はあの喫茶店でマリアを待ちます。

3) 「君たちはどうやって大学に行くの？」「普通は（normalmete）バスで行きます。」

4) 「君は何時に家を出るの？」「7時に出るよ。」

5) 「今日はどんな天気ですか？」「とても良い天気です。」

DIÁLOGOS

Cristina:	Oye, Luis. ¿Qué haces de lunes a viernes?
Luis:	Normalmente voy a la universidad.
Cristina:	¿Cómo vas?
Luis:	Voy en autobús.
Cristina:	¿Y qué haces este sábado?
Luis:	Trabajo todo el día, ¿y tú?
Cristina:	Salgo de copas con los amigos, pero el domingo estoy libre.
Luis:	¿Vamos al cine?
Cristina:	Sí, ¡qué bien!

🔎 ¡qué bien!：「いいですね！」

Cristina:	Oye Kenji, ¿Qué tiempo hace en Tokio, en verano?
Kenji:	Normalmente hace calor y sobre todo hay mucha humedad.
Cristina:	¿Qué ropa lleva la gente?
Kenji:	Llevamos ropa muy ligera. Por ejemplo, pantalones cortos y camisetas.
Cristina:	¿Cuál es la mejor época para visitar Tokio?
Kenji:	Bueno, en otoño hace muy buen tiempo. No hace calor ni frío. También en primavera hace muy buen tiempo. Además el paisaje de los cerezos en flor es muy bonito.
Cristina:	¡Ah! Ya me gustaría ir en primavera, pero en Estados Unidos los estudiantes estamos muy ocupados porque son los exámenes finales.
Kenji:	¡Qué lástima!

🔎 sobre todo：「特に」
me gustaría 〜：「〜したいなあ」
¡Qué lástima!：「なんて残念！」

PRÁCTICA

1 Mira el recuadro y completa las frases como en el modelo. 例にならって、枠内の表現と動詞 ir を使って、文を完成させましょう。

en coche	en avión	en metro	en bicicleta	en autobús	a pie

例) 1) 2) 3) 4) 5)

例) Los niños *van a pie* a la escuela.

1) Nosotros .... a la universidad .... 2) Tú .... al trabajo ....

3) Maki .... a Europa .... 4) Yo .... al hospital ....

5) Vosotros .... a la oficina ....

2 Mira el recuadro y completa las frases como en el modelo. 枠内の表現を使って文を作りましょう。

llueve	nieva	hace buen tiempo	
hace calor	hace frío	hace viento	hay humedad

例) 1) 2) 3) 4) 5)

例) En verano *hace calor* .

1) En primavera .... 2) En otoño .... 3) En invierno ....

4) En Hokkaido .... mucho. 5) En la época de lluvia .... y ....

3 Mira el modelo y practica con tu compañero. Escribe su información en tu cuaderno. ペアで、一週間にすることを質問しあいましょう。

例) B: ¿Qué *hace Marisa* durante la semana?   A: *Los lunes ve la tele...*

B: ¿Qué *hacen Lucía y Nati* durante la semana?   A: *Los martes, jueves y viernes van a la universidad...*

Alumno A

Marisa	Lucía y Nati
lunes: ver la tele	martes, jueves y viernes: ir a la universidad
martes: hacer la comida	en tren
miércoles: estudiar	lunes y miércoles: trabajar en una academia
jueves: trabajar	viernes por la tarde: salir con las amigas
viernes: hacer deporte	sábados: limpiar la casa
sábados: salir de copas con los amigos y a	domingos: hacer la tarea
veces ir al cine	
domingos: lavar la ropa	

5

A: *¿Qué hacen Luis y Pablo durante la semana?*　B: *De lunes a viernes van a la universidad...*

A: *¿Qué hace Marcos durante la semana?*　　B: *Los martes, miércoles y jueves va a una academia...*

Alumno B

Luis y Pablo	Marcos
de lunes a viernes: ir a la universidad en tren	martes, miércoles y jueves: ir a una academia de español
martes y jueves por la tarde: trabajar en una pizzería	lunes y viernes: trabajar de guía
sábados: hacer deporte	sábados: practicar el fútbol y después salir de copas
domingos: estar en casa todo el día	domingos: descansar todo el día

4 Lee lo que hace Maki durante la semana. マキが一週間にすることを読みましょう。
52

 Normalmente salgo de casa a las 7:30. Tomo el tren y el autobús para ir al trabajo. A veces voy en bicicleta. De lunes a viernes trabajo, de 9 de la mañana a 6:30 de la tarde. Después del trabajo, los lunes, miércoles y jueves hago deporte y ceno fuera. Estos días llego a casa un poco tarde. Los martes practico el tenis, llego a casa a las 8 de la tarde y ceno con mi familia. Los viernes, a menudo, salgo con los amigos, pero a veces, en casa, escucho música o veo la tele.

 Los sábados tengo clase de inglés en una academia y después de la clase, a veces, mis compañeros y yo comemos o tomamos un café en una cafetería cerca de la academia. Otras veces llamo a una amiga y vamos de compras o vamos al cine. A veces cenamos en un restaurante.

 Los domingos estoy en casa todo el día. Limpio la casa y lavo la ropa. Después, practico piano o hago los deberes y estudio un poco. Por la tarde salgo con la familia a cenar fuera.

5 Ahora haz estas preguntas a tu compañero sobre la lectura. 4の文章に関する質問を作り、ペアで練習しましょう。

¿Qué hace Maki de lunes a viernes?　¿Qué hace los sábados y los domingos? ...

6 Escribe una pequeña composición sobre lo que haces durante la semana. あなたが一週間にすることを書きましょう。

....

....

....

7 Contesta a las siguientes preguntas. 自由に質問に答えましょう。

1) ¿Qué tiempo hace hoy?

2) ¿Qué tiempo hace en tu ciudad durante todo el año?

3) ¿Cuál es tu estación del año favorita?

1 直説法現在―語幹母音変化動詞 Los verbos irregulares con cambio vocálico

53

1) e → ie 型

empezar（始まる）	
emp**ie**zo	empezamos
emp**ie**zas	empezáis
emp**ie**za	emp**ie**zan
cerrar, entender, pensar, preferir, querer	

2) o → ue 型

volver（戻る）	
v**ue**lvo	volvemos
v**ue**lves	volvéis
v**ue**lve	v**ue**lven
costar, dormir, poder	

3) e → i 型（-ir 動詞のみ）

pedir（頼む）	
p**i**do	pedimos
p**i**des	pedís
p**i**de	p**i**den
repetir, seguir (s**i**go, s**i**gues, ...)	

□ jugar は u → ue になります：j**ue**go　j**ue**gas　j**ue**ga　jugamos　jugáis　j**ue**gan

 **チョット 確認 1**　次の動詞の活用形を書きましょう。 Conjuga los siguientes verbos.

1) cerrar　　2) querer　　3) poder　　4) dormir　　5) repetir　　6) seguir

A: ¿A qué hora empieza la clase de español?　　B: Empieza a las diez.

A: ¿En qué piensas?　　B: Pienso en las vacaciones de verano.

A: ¿Qué prefieres, café o té?　　B: Prefiero té.

A: ¿A qué hora vuelve tu padre?　　B: Vuelve a las nueve o diez.

A: ¿Cuántas horas duermes?　　B: Duermo siete horas.

A: ¿Qué haces los fines de semana?　　B: Juego al tenis con mis amigos.

A: ¿Pedimos café?　　B: No, yo prefiero una cerveza.

チョット 確認 2　（　）内の不定詞を直説法現在の正しい形にし、和訳しましょう。さらに［　］の主語に変えましょう。 Conjuga correctamente los verbos.

1) Yo (pensar)＿＿＿＿＿＿ en el examen.　　[nosotros]

2) Isabel (querer)＿＿＿＿＿＿ hacer compras.　　[ellas]

3) Nosotros no (poder)＿＿＿＿＿＿ salir de casa hoy.　　[tú]

4) Normalmente yo (dormir)＿＿＿＿＿＿ ocho horas.　　[ellos]

5) La profesora (repetir)＿＿＿＿＿＿ la pregunta.　　[vosotros]

6) Yo (preferir)＿＿＿＿＿＿ el arroz al pan.　　[nosotros]

7) Juanito (jugar)＿＿＿＿＿＿ al fútbol todos los días.　　[ellos]

8) Los museos (cerrar)＿＿＿＿＿＿ los lunes.　　[la tienda]

9) Nosotros siempre (pedir)＿＿＿＿＿＿ paella en este restaurante.　　[mis padres]

10) ¿Cuánto (costar)＿＿＿＿＿＿ el ordenador?　　[los zapatos]

2　不定詞表現（1）Las perífrasis (1)

1) querer ＋不定詞

Quiero ver las noticias en la tele.（欲求）

A: ¿Quieres tomar un café?（勧誘）　B: Gracias.

A: ¿Quiere usted subir mi maleta a la habitación?（依頼）　B: Sí, con mucho gusto.

2) poder ＋不定詞

A: ¿Puedo pagar con tarjeta?（可能）　B: Sí, claro.

A: ¿Puedo cerrar la ventana?（許可）　B: Adelante.

A: ¿Puedes asistir a la reunión de la próxima semana?（依頼）　B: Sí, por supuesto.

3) pensar ＋不定詞「～しようと思っている、～するつもりだ」

A: ¿Qué piensas hacer en las vacaciones de verano?　B: Pienso viajar por Tailandia.

4) empezar a ＋不定詞「～し始める」

A: ¿Cuándo empieza a nevar en Hokkaido?　B: En el norte empieza a nevar en octubre.

5) ir a ＋不定詞「～するつもりだ」

A: ¿Cuándo vas a ir a Toledo?　B: Voy a ir este verano.

□「vamos a ＋不定詞」は英語の *let's* ～に相当する表現です。　¡Vamos a cenar juntos!

3　日付と季節の表現 Los días de la semana, los meses y las estaciones

曜日	lunes	martes	miércoles	jueves	viernes	sábado	domingo

A: ¿Qué día (de la semana) es hoy?　B: Hoy es martes.

Los viernes juego al tenis con mis amigos.

月名	enero	febrero	marzo	abril	mayo	junio
	julio	agosto	septiembre	octubre	noviembre	diciembre

A: ¿A cuántos estamos hoy?　B: Estamos a siete de octubre.

Pepa va a viajar por México en febrero.

A: ¿Qué día es el concierto?　B: Es el dos de agosto. // El curso empieza el ocho de abril.

季節	primavera	verano	otoño	invierno

En verano siempre vuelvo al pueblo.

A: ¿Cómo es el invierno en tu ciudad?　B: Nieva mucho.

チョット　確認 **3**　正しい答えを探しましょう。Relaciona.

1) ¿Cuándo sales de Japón?　　　　　　　a) Es miércoles.

2) ¿Puedes ir conmigo al mercado?　　　　b) Estamos a quince de junio.

3) ¿Cuándo es tu cumpleaños?　　　　　　c) Sí, pero ¿a qué hora?

4) ¿Qué día de la semana es hoy?　　　　　d) Es el veinte de agosto.

5) ¿A cuántos estamos hoy?　　　　　　　e) Salgo este sábado.

VAMOS A VER

1　次の動詞の不定詞と意味を書きましょう。 Escribe el infinitivo del verbo conjugado.

例）pienso (*pensar*, 思う)

1) pierdo (　　　　　　　　)　　　2) prefiero (　　　　　　　　)

3) encuentro (　　　　　　　　)　　4) duermo (　　　　　　　　)

5) sigo (　　　　　　　　)　　　　6) repito (　　　　　　　　)

2　枠内から適切な動詞を１つ選び、直説法現在の正しい形にして入れましょう。 Completa con un verbo del recuadro.

> cerrar　dormir　empezar　jugar　pensar

1) ¿Cuántas horas _____ (tú) normalmente?

2) Todos los domingos ellos _____ al béisbol.

3) ¿A qué hora _____ el partido de fútbol?

4) A: ¿En qué _____ (tú)?　B: _____ en el examen.

5) A: ¿ _____ (yo) la puerta?　B: Sí, gracias.

3　指示された不定詞表現を使って文を書きかえましょう。 Cambia la frase usando la forma perifrástica.

例）Bebo agua. (querer ＋不定詞) → *Quiero beber agua.*

1) Vendo esta guitarra. (querer ＋不定詞)

2) Esta noche no salimos. (poder ＋不定詞)

3) Trabajamos a las nueve. (empezar a ＋不定詞)

4) El próximo verano mi hija estudia en España. (pensar ＋不定詞)

5) ¿Qué haces mañana? (ir a ＋不定詞)

4　(　　)の数字を月名に直して入れ、和訳しましょう。 Completa las frases con el nombre del mes.

1) En Japón el curso empieza en (4　　　　　　).

2) Mi cumpleaños es el 25 de (9　　　　　　).

3) ¿A dónde vais a viajar en (8　　　　　　)?

4) Mi primo va a llegar a Japón el 15 de (3　　　　　　).

5　スペイン語に訳しましょう。 Traduce las siguientes frases al español.

1) 私の父はバスで帰宅します。

2) 私は白い靴を買いたい。

3) 映画は５時ちょうどに始まります。

4) 「君たちは誰とテニスをするの？」「メルチェ（Merche）とです。」

5) 「今日は何曜日ですか？」「金曜日です。」

6

DIÁLOGOS

Diálogo 1
56

Ricardo: Oye, Cristina. ¿Qué piensas hacer el próximo lunes?

Cristina: Voy a ir con mis amigas extranjeras al Museo del Prado.

Ricardo: ¿El lunes, al museo? ¡Mujer! Los museos cierran los lunes en España.

Cristina: Pues, vamos el sábado.

Ricardo: Yo recomiendo ir el domingo porque la entrada es gratis.

Cristina: Entonces vamos el domingo. Ese día suele ir mucha gente, ¿no?

Ricardo: Sí, tenéis que ir un poco temprano.

Cristina: ¿A qué hora abre los domingos El Prado?

Ricardo: A las 10:00. ¡Qué lo paséis bien!

Cristina: ¡Gracias, Ricardo!

🔎 ¡Qué lo paséis bien! :「(君たち)楽しく過ごしてね！」

Diálogo 2   **Por teléfono**
57

Kenji: ¿Reina?

Reina: Sí, dígame.

Kenji: ¡Hola, soy Kenji!

Reina: ¡Hola, Kenji! ¿Qué tal?

Kenji: Bien, gracias. Mira, el próximo sábado, 25 de mayo, vamos a celebrar en mi casa el cumpleaños de Cristina. ¿Quieres venir a la fiesta?

Reina: Sí, gracias, Kenji, por tu invitación. Yo voy a hacer una tortilla de patatas y una tarta para llevar a la fiesta.

Kenji: De acuerdo y muchas gracias, Reina. Entonces hasta el sábado.

Reina: Adiós, hasta el sábado.

🔎 dígame :「もしもし」

Diálogo 3
58

Kenji: Profesor, ¿puedo cerrar las ventanas? Es que estoy resfriado y tengo frío.

Profesor: Sí, claro. De paso, ¿puedes cerrar la puerta, por favor?

Kenji: Sí, con mucho gusto.

Profesor: Gracias.

🔎 de paso :「ついでに」

PRÁCTICA

1 Mira los recuadros y practica con tu compañero como en el modelo. 下の枠内の人物について、ペアで1) ～ 7) の質問をしあいましょう。

1) ¿Qué quiere/n tomar ahora?　　2) ¿Qué música quiere/n escuchar?

3) ¿Qué quiere/n hacer el sábado?　　4) ¿Qué idiomas quiere/n estudiar?

5) ¿Por dónde quiere/n viajar en vacaciones?　　6) ¿Qué quiere/n comprar?

7) ¿Dónde quiere/n trabajar?

例) A: ¿Qué *quiere* tomar ahora *Cristina*?　　B: *Quiere tomar un café con leche.*
　　 ¿Y *Kenji y Ryota*?　　　　　　　　　 *Ellos quieren tomar un zumo de naranja.*

Cristina	Kenji y Ryota
1) tomar un café con leche	1) tomar un zumo de naranja
2) escuchar la música pop japonesa	2) escuchar la música rock
3) visitar el parque del Retiro de Madrid	3) jugar al fútbol
4) estudiar español y alemán	4) estudiar inglés
5) viajar por Galicia	5) viajar por Canadá
6) comprar un bolso de Loewe	6) comprar unas deportivas
7) trabajar en una agencia de viajes	7) trabajar en una empresa multinacional

2 Mira las imágenes y completa las frases como en el modelo. 枠内の表現と「ir a ＋不定詞」を使って、文を完成させましょう。

> trabajar en un café　　~~estudiar inglés en Londres~~　　ir a una fiesta de cumpleaños
> ver un partido de fútbol en la tele　　ir de compras　　viajar por Perú

例) En agosto yo *voy a estudiar*　　1) Esta tarde mi amigo y yo　　2) Este verano mi hermana
　 inglés en Londres.
　　　　　　　　　　　　　　　　　　..................................　　..................................

3) Esta tarde ella　　　　4) La próxima semana él　　5) Mañana tú

....　　..................................　　..................................

3 Practica con tu compañero. Sigue el modelo y haz frases. 例にならって自由に文を作りながら、ペアで練習しましょう。

例）A: Por favor, *¿puedes hablar más despacio?* Es que *no entiendo bien.*

B: Sí, claro.

Por favor,	¿puedo ¿puedes ¿puede Ud.	poner el aire acondicionado? cerrar la puerta? abrir la ventana? hablar más despacio? encender la luz? repetir otra vez? volver a casa?	Es que	estoy enfermo. hace viento. hace frío. hace calor. no veo bien. no entiendo bien.

4 Une las dos columnas como en el modelo. 枠内から１つ表現を選び、「ir a ＋不定詞」を使って文を完成させましょう。

例）Los niños tienen sueño *y van a dormir.*

1) Ellos tienen hambre

2) Estamos cansados

3) Ellas tienen calor

4) Mañana ellos no tienen clase

5) Estoy enfermo

6) No tenemos tiempo

7) Ella tiene sed

tomar un bocadillo

ir al hospital

tomar un refresco

~~dormir~~

tomar un taxi

abrir la ventana

descansar

jugar al fútbol

5 Mira el modelo y practica con tu compañero. 枠内の人たちの誕生日を、ペアで質問しあいましょう。

Cristina: 5月25日	Nati: 1月30日	Reina: 12月18日	Ryota: 2月24日
Luis: 10月12日	Mao: 3月 1日	Kenji: 8月11日	Mario: 6月19日
Irene: 9月 3日	Marisa: 4月27日	Pablo: 7月21日	Moe: 11月10日

例）A: ¿Cuándo es el cumpleaños de *Cristina*?　　B: Es el *veinticinco* de *mayo.*

6 Contesta a las siguientes preguntas. 自由に質問に答えましょう。

1) ¿Qué quieres hacer después de clase?

2) ¿Qué piensas hacer en las vacaciones de verano?

3) ¿Dónde quieres trabajar en el futuro?

4) ¿Qué vas a hacer este fin de semana?

1 直説法現在—不規則動詞 (oír, venir, saber, conocer) Los verbos: *oír, venir, saber, conocer*
59

oír (聞く、聞こえる)		**venir** (来る)		**saber** (知っている)		**conocer** (知っている)	
oi**go**	oímos	ven**go**	venimos	**sé**	sabemos	cono**zco**	conocemos
o**yes**	oís	vi**e**nes	venís	sabes	sabéis	conoces	conocéis
o**ye**	o**yen**	vi**e**ne	vi**e**nen	sabe	saben	conoce	conocen

Desde mi casa no oigo el ruido de la calle.

A: ¿De dónde vienes?   B: Vengo del trabajo.

conocer：「(体験的に) ～を知っている」

A: ¿Conoces España?   B: Sí, conozco Madrid y Barcelona.

A: ¿Conoces a la profesora García?   B: Sí, estudio con ella inglés.

saber：「(知識・情報として) ～を知っている」

A: ¿Sabes mi número de teléfono?   B: Sí, sí.

A: ¿Sabes con quién vive Paula?   B: Sí, vive con su hermana mayor.

チョット 確認 **1**　(　　) 内の不定詞を直説法現在の正しい形にし、和訳しましょう。さらに [　] の主語に変え
ましょう。Conjuga correctamente los verbos.

1) Yo (venir)＿＿＿＿＿ en coche al trabajo.　　　[nosotros]

2) Mi abuelo (oír)＿＿＿＿＿ la radio a veces.　　　[mis abuelos]

3) Nosotros no (saber)＿＿＿＿＿ cómo hacer eso.　　　[ellos]

4) Todavía yo no (conocer)＿＿＿＿＿ Madrid.　　　[ellas]

2 不定詞表現 (2) Las perífrasis (2)
60

1) saber ＋不定詞と poder ＋不定詞

saber ＋不定詞：「(学習して・習得して) ～できる」

A: ¿Sabes conducir?   B: Sí, sé conducir, pero aquí en esta ciudad no necesito coche.

A: ¿Sabe tu padre hablar español?   B: Sí, sabe hablar español, italiano y portugués.

poder ＋不定詞：「(できることが前提で・ある条件下で) ～できる / できない」

No puedo comer pasteles. Es que estoy a dieta.

Hoy no puedo nadar porque tengo fiebre.

2) tener que ＋不定詞と hay que ＋不定詞

tener que ＋不定詞：「～しなければならない」

Tengo que hacer los deberes ahora mismo.

hay que ＋不定詞：「～しなければならない」(無人称表現)

Hay que comer para vivir.

 **確認 2** conocer, saber, poder のいずれかを正しい形にして入れ、和訳しましょう。
Completa con la forma adecuada del verbo *conocer*, *saber* o *poder*.

1) Yo no _____ quién es aquella chica.

2) Mi niño no _____ salir a la calle porque está resfriado.

3) Yo no _____ esta ciudad. No soy de aquí.

---

3 直接目的格人称代名詞 Los pronombres personales en función de complemento directo 🎧 61

		単数	複数
1人称		me 私を	nos 私たちを
2人称		te 君を	os 君たちを
3人称	男性形	lo 彼を、あなたを、それを	los 彼らを、あなた方を、それらを
	女性形	la 彼女を、あなたを、それを	las 彼女たちを、あなた方を、それらを

□ スペインでは3人称が人（男性）を示すとき lo / los の代わりに le / les を用いることがあります。

1) 目的格人称代名詞の位置：活用している動詞の前に置きます。

　　A: ¿Dónde me esperas?　　B: Te espero aquí.

　　A: ¿Dónde compras la revista?　　B: La compro en el quiosco.

2) 不定詞がある場合は目的格人称代名詞をその後ろにつけて一語とすることもできます。

　　A: ¿Quieres leer este libro?　　B: Sí, lo quiero leer. = Sí, quiero leerlo.

　　A: ¿Piensas ver a tus abuelos este fin de semana?　　B: Sí, los pienso ver. = Sí, pienso verlos.

□ 中性形の lo「そのこと」：前文や抽象的なことを指すときに用います。

　　A: ¿Sabes cuándo tenemos el examen?　　B: No, no lo sé.

 **確認 3** 例にならって、直接目的格人称代名詞を用いて答え、和訳しましょう。
Completa con la forma adecuada de los verbos y el pronombre.

例）A: ¿Esperáis *a María*?　　B: No, no la esperamos.

1) A: ¿Compra usted *este libro*?　　　　B: Sí, _____

2) A: ¿Conocéis *a sus hermanas*?　　　　B: No, _____

3) A: ¿Enseña Fernando *inglés*?　　　　B: Sí, _____

4) A: ¿Sabes *su nombre*?　　　　　　　B: No, _____

5) A: ¿Quién hace *la comida*?　　　　　　B: _____ mi madre.

 **確認 4** 例にならって直接目的格人称代名詞を用いて二通りに書きかえ、和訳しましょう。
Contesta usando el pronombre.

例）Quiero comprar la revista. → *La quiero comprar. / Quiero comprarla.*

1) Sé tocar la guitarra.　　　　　　　　2) ¿Puedes preparar el desayuno?

3) ¿Vas a visitar a tus padres?　　　　　4) Tenemos que hacer la compra.

5) ¿Queréis invitar a los González?

VAMOS A VER

1 正しい動詞を１つ選びましょう。 Elige el verbo correcto.

1) Mi amigo { conoce / sabe } un restaurante muy bueno.

2) ¿{ Conocéis / Sabéis } cuándo vuelve María de Francia?

3) A: ¿{ Conoces / Sabes } nadar?   B: Sí, { conozco / sé } nadar.

4) A: ¿{ Conoce / Sabe } Ud. a la madre de Mariana?

   B: No, no la { conozco / sé }.

2 枠内から適切な動詞を１つ選び、直説法現在の正しい形にして入れましょう。 Completa con el verbo apropiado del recuadro.

| haber   oír   poder   tener   venir |

1) ¿_____ usted poner la televisión?

2) Para viajar al extranjero _____ que sacar el pasaporte.

3) ¿No _____(tú) un ruido extraño?

4) A: ¿De dónde _____(tú)?   B: _____ del dentista.

5) Esta noche nosotros _____ que estudiar para el examen de mañana.

3 誤りを見つけて直しましょう。 Corrige la palabra que está equivocada.

1) ¿Invitas a la fiesta el novio de Laura?

2) ¿Esperáis me aquí?

3) A: ¿Conoces España?   B: No, no lo conozco.

4) A: ¿Sabe usted a qué hora viene Diana?   B: No, no la sé.

5) A: ¿Te puedes ayudar?   B: Sí, con mucho gusto.

4 スペイン語に訳しましょう。 Traduce las siguientes frases al español.

1) イサベルは具合が悪い（estar enfermo）ので、今日泳ぐことができません。

2) 私は空港に１時に着かなければなりません。

3) 「あなたはあの高いビルが見えますか？」「はい、見えます。」

4) 「彼らは私の住所（dirección）を知っていますか？」「いいえ、知りません。」

5) 「君はこの本を読むつもり？」「はい、それを読むつもりです。」

DIÁLOGOS

Diálogo 1

Moe:	Profesor, ¿qué tengo que hacer para estudiar un año en España?
Profesor:	Primero tienes que saber en qué universidad quieres estudiar.
Moe:	Sí, ya lo sé. Quiero estudiar en la Universidad de Alcalá de Henares.
Profesor:	Entendido. Después hay que tener el visado de estudiante para poder residir en España.
Moe:	¿Dónde lo puedo conseguir?
Profesor:	En la embajada de España en Tokio. Luego tienes que decidir el alojamiento. Puedes escoger entre vivir sola en un apartamento, o vivir en un piso compartido o vivir con una familia española.
Moe:	Sí, quiero vivir en un piso compartido con otras estudiantes extranjeras.
Profesor:	¿Ah sí? Es una buena idea, pero ya sabes, para aprender español, lo debes usar para comunicarte con tus compañeros de piso. No inglés, tampoco japonés. ¡Ánimo y adelante!
Moe:	Gracias, profesor, por sus consejos.

Diálogo 2

Silvia:	Hola, Masato, el próximo domingo vamos a celebrar la fiesta de cumpleaños de una compañera de piso, ¿quieres venir?
Masato:	Tengo que hacer unos trabajos, pero creo que voy a ir a la fiesta.
Silvia:	Vale, lo vas a pasar muy bien. La fiesta empieza a las 7. Te espero.
Masato:	¿Tengo que ir de traje y corbata?
Silvia:	¡No, hombre! ¡Solo es una fiesta entre amigos!
Masato:	Entendido. Otra cosa. ¿Tengo que llevar comida o regalos?
Silvia:	Bueno, eso tú ya verás. Si quieres, puedes traer vino, cerveza, etc.
Masato:	Vale. Ya sé. Voy a llevar un ramo de flores y una botella de vino.
Silvia:	Mis compañeras y yo pensamos preparar muchos platos de comida española. Bueno, hasta el domingo.
Masato:	Hasta el domingo y gracias por la invitación.

🔎 pasarlo bien：「楽しく過ごす」
¡hombre!：「まさか！」
eso tú ya verás：「それは自分で考えて」

PRÁCTICA

1 Mira las imágenes y completa con las palabras del recuadro y el verbo *saber*. 枠内の表現と動詞 saber を使って、文を完成させましょう。

> tocar la guitarra   tocar el piano   tocar el violín
> esquiar   patinar sobre hielo   bailar flamenco

例）   1)   2)   3)   4)   5)

例） Ellos *saben tocar la guitarra*.

1) ¿(Vosotros) _____?   2) Yo _____   3) ¿(Tú) _____?

4) Ella _____   5) Usted _____

2 Mira las imágenes y completa las frases con "tener que" y una de las expresiones del recuadro. 枠内の表現と「tener que ＋不定詞」を使って、文を完成させましょう。

> preparar el examen   hacer amigas españolas   llevar traje y corbata
> pagar una multa por exceso de velocidad   ir al dentista   trabajar

例） Hoy no salgo de copas. *Tengo que preparar el examen*.

1) Mario conduce a mucha velocidad y _____

2) Moe para practicar español, _____

3) Lucas no puede ir a la montaña. _____

4) Luis va a ir a la fiesta de la embajada. _____

5) Reina el próximo domingo _____

例）   1)

2)   3)

4)   5)

3 Relaciona las frases y complétalas con una de las formas: Tener que / Hay que + infinitivo. 「tener que ＋不定詞」または「hay que＋不定詞」を使って a) ～ i) の文を完成させ、1) ～ 8) の文とつなげましょう。

例）Mi hijo tiene el pelo muy largo,	a) _____ llevarlo al taller.
1) Para conducir bien	b) _____ respetar las señales de tráfico.
2) Tenemos el coche averiado.	c) _____ tomar el avión.
3) No puedo viajar este verano.	d) *tiene que* ir al peluquero.
4) Cuando hay un accidente de carretera,	e) _____ llevar traje.
5) Bebes demasiado.	f) _____ llamar a los bomberos.
6) Ellos quieren llegar a tiempo porque	g) _____ llamar a la policía.
7) Nosotros en las fiestas de amigos no	h) _____ dejar el alcohol.
8) Cuando hay un incendio,	i) _____ preparar las oposiciones.

4 Practica con tu compañero como en el modelo. 枠内の品物が何階のどの売り場で買うことができるの
か、ペアで、店員と客の会話を練習しましょう。（序数は84ページを参照。）

| un reloj de pared | un bolso | unos zapatos | un traje de caballero |
| unas gafas | un vestido | una camisa de niño | una falda |

6ª (sexta) planta	restaurantes / cafeterías
5ª (quinta) planta	sección de deportes
4ª (cuarta) planta	sección de caballeros
3ª (tercera) planta	sección de señoras / niños / bebés
2ª (segunda) planta	zapatería / tiendas de bolsos
1ª (primera) planta	sección de regalos / relojería / óptica
Planta baja	supermercado / pastelería / panadería

例） Cliente:　　　　 ¡Hola, buenas tardes! Quiero comprar *un bolso*.

　　　　　　　　　 ¿En qué planta *lo* puedo encontrar?

　　 Dependiente: En la *segunda planta*, en la sección *de bolsos*.

　　 Cliente:　　　　 ¡Gracias!

　　 Dependiente: ¡A usted!

5 Contesta a las siguientes preguntas como en el modelo. 直接目的格人称代名詞を使って、自由に質
問に答えましょう。

例） A: ¿Ves las noticias por la tele todos los días?　　B: *Sí, las veo. / No, no las veo.*

1) ¿Conoces a los padres de tu mejor amigo?

2) ¿Conoces la ciudad de Barcelona?

3) ¿Ves la televisión todos los días?

4) ¿Tomas café por la mañana?

5) ¿Sabes de dónde es el profesor?

6) ¿Lees novelas románticas?

7) ¿Conoces al tenista Rafael Nadal?

8) ¿Ves a tus amigos los fines de semana?

9) ¿Escuchas música por la noche?

10) ¿Practicas el fútbol?

1 間接目的格人称代名詞 Los pronombres personales en función de complemento indirecto

64

	単数		複数	
1人称	me	私に	nos	私たちに
2人称	te	君に	os	君たちに
3人称	le	彼に、彼女に、あなたに	les	彼らに、彼女たちに、あなた方に

1) 活用している動詞の前に置きます。

A: ¿Qué plato nos recomienda usted?　B: Les recomiendo melón con jamón.

Te regalamos una corbata italiana para tu cumpleaños.

2) 不定詞がある場合は目的格人称代名詞をその後ろにつけて一語とすることもできます。

A: ¿Me quieres pasar la sal? = ¿Quieres pasarme la sal?　B: Sí, claro.

Si quieres, te puedo enseñar a nadar. = Si quieres, puedo enseñarte a nadar.

3) ふたつの目的格人称代名詞を用いる場合、［間接目的格＋直接目的格］の順になります。

A: ¿Me dejas tu boli?　B: Sí, te lo dejo.

A: ¿Nos enseñas esas fotos?

B: No, no os las quiero enseñar (= No, no quiero enseñároslas) porque no salgo bien.

4) 間接目的格と直接目的格がともに3人称の場合、le と les は se になります。

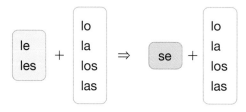

A: ¿Le regalas a tu madre flores el día de la madre?　B: Sí, se las regalo.

A: ¿Puede dejarme usted el coche para mañana?　B: Sí, se lo dejo.

A: ¿Me da usted su dirección?　B: Lo siento. No se la puedo dar. = No puedo dársela.

チョット 確認 **1**　例にならって質問に目的格代名詞を用いて答え、和訳しましょう。

Contesta con los pronombres adecuados.

例）A: ¿Les escribes *cartas a tus padres*?　B: No, no *se las escribo*.

1) A: ¿Les das *dulces a tus hijos*?　　　　　B: No, normalmente no _____

2) A: ¿Nos manda usted *los documentos*?　B: Sí, enseguida _____

3) A: ¿Me prestas *tu moto* mañana?　　　　B: No, lo siento. No _____ porque la necesito yo.

4) A: ¿Quién le pregunta *el día del examen al profesor*?　B: Yo _____

5) A: ¿Le regalamos *una corbata a Mario*?　B: Sí, vamos a _____

2 直説法現在—不規則動詞 **(dar, traer, decir)** Los verbos: *dar*, *traer*, *decir*
65

dar （与える）		traer （持ってくる、連れてくる）		decir （言う）	
doy	damos	tra**igo**	traemos	d**igo**	decimos
das	dais	traes	traéis	dices	decís
da	dan	trae	traen	dice	dicen

A: ¿Me das tu número de teléfono?   B: Sí, ahora te lo doy.

Doy un paseo por la mañana.

A: ¿Puede traerme otro café, por favor?   B: Sí, ahora mismo.

A: ¿Qué te dice tu padre sobre estudiar en el extranjero?

B: Él me dice que está bien.

□ que は接続詞

チョット 確認 **2** dar, traer, decir のいずれかを正しい形にして入れ、和訳しましょう。
Completa con la forma adecuada del verbo *dar*, *traer* o *decir*.

1) Mi padre _____ un paseo con su perro por la mañana.

2) Pablo _____ que el japonés es muy difícil.

3) ¿_____ (vosotros) el diccionario a clase?

4) Mamá, ¿me _____ (tú) dinero para comprar la merienda?

3 感嘆文 La frase exclamativa
66

1) ¡qué ＋名詞・形容詞・副詞（＋動詞＋主語）!

¡Qué niño!   ¡Qué suerte!   ¡Qué bueno!   ¡Qué caro es este coche!

¡Qué bien!   ¡Qué rápido conduces!

2) ¡qué ＋名詞＋ más / tan ＋形容詞 !

¡Qué personas más simpáticas!   ¡Qué libro tan interesante!

3) ¡cuánto ＋動詞 !

¡Cuánto trabajas!   ¡Cuánto sabes!

チョット 確認 **3** 例にならって感嘆文に書きかえ、和訳しましょう。Completa la frase como el modelo.

例) Hablas español muy bien.   → ¡(*Qué*) (*bien*) hablas español!

1) Silvia y su marido están muy nerviosos. → ¡(   ) (   ) están Silvia y su marido!

2) Mi hermana estudia mucho.   → ¡(   ) estudia mi hermana!

3) Hoy hace mucho frío.   → ¡(   ) (   ) hace hoy!

4) Estas son unas flores muy bonitas. → ¡(   ) flores (   ) (   ) son estas!

5) Aquella es una torre muy alta.   → ¡(   ) torre (   ) (   ) es aquella!

VAMOS A VER

1 次の動詞の不定詞と意味を書きましょう。Escribe el infinitivo del verbo conjugado.

例）tengo (*tener*, 持っている)

1) pongo ( ) 2) digo ( ) 3) traigo ( )

4) vengo ( ) 5) hago ( ) 6) salgo ( )

2 正しい動詞を１つ選びましょう。Elige un verbo correcto.

1) ¿Me { dice / trae } usted un vaso de agua?

2) Siempre les { digo / doy } la verdad.

3) ¿A quién { vas / traes } a escribir la carta?

4) ¿Me { das / vienes } esa revista?

3 正しい目的格人称代名詞を入れましょう。Contesta con el pronombre personal correcto.

1) A: ¿Quién os prepara la comida?　　　B: ( ) ( ) prepara mi hermana mayor.

2) A: ¿Le vas a regalar flores a tu novia?　　B: Sí, ( ) ( ) voy a regalar.

(= Sí, voy a regalar _____.)

3) A: ¿Puedes prestarme el diccionario?　　B: Sí, ( ) ( ) presto.

4) A: ¿Cuándo nos vas a enseñar las fotos?　B: Mañana ( ) ( ) voy a enseñar.

(= Mañana voy a enseñar _____.)

4 A, B, C から１つずつ語句を選んで、感嘆文を作りましょう。Completa la frase.

例）¡Qué *alto es tu hermano* !

1) ¡Qué _____ !

2) ¡Qué _____ !

3) ¡Qué _____ !

4) ¡Qué _____ !

A	B	C
película	más	tus amigos
alto	hablas	grande
amables	tan	japonés
habitación	son	interesante
bien	es	tu hermano

5 スペイン語に訳しましょう。Traduce las siguientes frases al español.

1) マヌエルは私たちに本当のことを言いません。

2) 私たちは毎朝この公園を散歩します。

3) 「誰が君たちに夕食を作るの？」「私たちの祖母が（私たちにそれを）作ります。」

4) 今日はなんていい天気なんでしょう！

5) 「いつ君のバイクを僕に貸してくれるの？」「土曜に（君にそれを）貸すつもりだよ。」

DIÁLOGOS

Diálogo 1 67

Cliente:	Buenos días. Quiero un jersey.
Dependiente:	Sí, ¿y cómo lo quiere?
Cliente:	Pues, negro pero no muy caro.
Dependiente:	A ver, ¿qué talla usa?
Cliente:	La M, por favor.
Dependiente:	Mire, tenemos este modelo, pero también tenemos aquel de allí. ¿Qué le parecen?
Cliente:	Los dos son muy bonitos. ¿Puedo probármelos?
Dependiente:	Sí, los probadores están al fondo a la derecha.

....

Dependiente:	¿Qué tal le quedan?
Cliente:	El negro me queda muy bien. Me lo llevo. ¿Puedo pagar con tarjeta?
Dependiente:	Sí, claro. En caja, por favor.

🔍 mire：「そうですね」

Diálogo 2 68

Irene:	Papá, ¿me puedes dejar el coche para el sábado?
Padre:	Lo siento, hija, pero no te lo puedo dejar porque ese día voy a ir con unos amigos a jugar al golf.
Irene:	Entonces, ¿me lo dejas el domingo?
Padre:	Sí, hija, te lo dejo. Pero ¿para qué lo quieres?
Irene:	Es que estos días hace mucho calor y mis amigas y yo queremos ir a la playa.
Padre:	Está bien, pero ¡cuidado!

🔍 cuidado：「気をつけて」

Diálogo 3 69

Mario:	Este verano mi novia y yo nos casamos y queremos ir de "luna de miel" a un lugar exótico. ¿Qué lugar nos recomiendas?
Adela:	Yo te recomiendo visitar mi país, México.
Mario:	¡Qué bien! Tengo muchas ganas de ir allí. ¿Qué lugares me recomiendas visitar?
Adela:	Yo te recomiendo ir en avión directamente a Cancún. Este lugar tiene unas playas paradisiacas. Después podéis hacer una excursión en autobús hasta las ruinas Mayas de Chichen Itza. Creo que así lo vais a pasar de maravilla.
Mario:	¡Fantástico! Me parece un plan fenomenal. Gracias, Adela.

PRÁCTICA

1 Practica con tu compañero. Pide prestado las cosas del recuadro. 枠内の単語を使って、ペアで借りる物を変えながら練習しましょう。

el libro de texto	las revistas	el diccionario	el lápiz
la bicicleta	el paraguas	las tijeras	el bolígrafo

例） **Alumno A** ¿Me puedes dejar *el libro de texto*?

Alumno B Sí, aquí *lo* tienes. /

No, lo siento, no te *lo* puedo dejar porque *lo* necesito yo ahora.

= No, lo siento, no puedo dejárte*lo* porque *lo* necesito yo ahora.

2 Escribe el nombre de la ropa y el color. Después practica con tu compañero como en el modelo. 次の衣服と色をスペイン語で言いましょう。そのあと例にならってペアで、値段を聞きあいましょう。

例）jersey negro 1) vestido rosa 2) cinturón blanco 3) camisa verde 4) camiseta roja 5) blusa amarilla

€79 €87 €22 €46 €28 €38

6) pantalones cortos marrones 7) abrigo naranja 8) zapatos negros 9) botas negras 10) guantes marrones 11) cinto negro

€29 €95 €67 €84 €52 €26

例） *jersey negro*

A: Quiero *un jersey negro*. B: Sí, aquí *lo* tiene.

A: ¿Cuánto *cuesta*? B: *Cuesta setenta y nueve* euros.

3 Ahora pregunta a tu compañero como en el modelo de qué color quieres la ropa de arriba. 練習2に出てきた衣服の単語を使って、何色が好みか、ペアで聞きあいましょう。

los colores

amarillo rojo rosa naranja azul verde gris blanco marrón negro

例） A: ¿De qué color prefieres *el jersey*? B: *Lo* prefiero *azul*.

4 Mira las imágenes y escribe la ropa que llevan Mario e Irene. マリオとイレネが身につけているもの
を説明しましょう。

Mario

Mario lleva una chaqueta blanca, …

Irene

Irene lleva un jersey blanco, …

5 Mira los dos recuadros y practica con tu compañero como en el modelo. 例にならって、枠内の表
現を使いながら、ペアで練習しましょう。

| visitar un país extranjero | ver una película | comer en un restaurante |
| estudiar un idioma | practicar deporte | escuchar música |

| interesante | bonito | fácil | difícil | bueno | barato | tranquilo |

例） A: Quiero *visitar un país extranjero*. ¿Qué *país* me recomiendas *visitar*?

B: Yo te recomiendo *visitar Perú*. Es *muy bonito y tranquilo*.

6 Contesta a las siguientes preguntas. 自由に質問に答えましょう。

1) ¿Qué ciudades japonesas me recomiendas visitar?

2) ¿Qué comida japonesa me recomiendas comer?

3) ¿Qué coche japonés me recomiendas comprar?

4) ¿Qué fruta japonesa me recomiendas comer?

5) ¿Qué película japonesa me recomiendas ver?

6) ¿En qué ciudad japonesa me recomiendas vivir?

7) ¿En qué época del año me recomiendas visitar Japón?

1 再帰動詞 Los verbos reflexivos

70

levantarse（起きる）			
me	levanto	**nos**	levantamos
te	levantas	**os**	levantáis
se	levanta	**se**	levantan

再帰動詞は「自分自身」を意味する再帰代名詞［me（私自身）, te, se, nos, os, se］を伴う動詞です。

例えば levantar は「～を起こす」という意味ですが、levantar**se** は「自分自身を起こす」ことから「起きる」という意味になります。

Mi madre **se levanta** a las cinco todos los días.

> 参考：Mi madre **me levanta** todas las mañanas.

✏️ チョット 確認 1 次の再帰動詞の活用形を書きましょう。Conjuga los siguientes verbos.

1) ducharse　　2) ponerse　　3) acostarse (o→ue)　　4) sentarse (e→ie)　　5) vestirse (e→i)

1)「自分自身を～する」：acostarse　bañarse　casarse　ducharse
　　　　　　　　　　　　levantarse　llamarse　sentarse　vestirse

A: ¿A qué hora te levantas?　　B: Me levanto a las siete y media.

A: ¿Te duchas por la mañana?　　B: No, me baño por la noche.

A: ¿Cómo te llamas?　　B: Me llamo María.

☐ 再帰代名詞は、不定詞がある場合はその後ろにつけて一語とすることもできます。再帰代名詞は主語に合わせて形が決まります。　Me voy a vestir. = Voy a vestirme.

2)「自分自身に～を～する」：ponerse　quitarse　lavarse

Me pongo la chaqueta al salir de casa.

Me lavo las manos.　　　　　　　　　　　　☐ Me lavo **mis** manos. とは言いません。

¿No tienes calor? ¿No quieres quitarte la chaqueta?

✏️ チョット 確認 2 （　　）内の再帰動詞を直説法現在の正しい形にし、和訳しましょう。さらに［　］の主語に変えましょう。Completa con la forma adecuada del presente de los verbos.

1) ¿Cómo (llamarse, vosotros)＿＿＿＿＿＿？　　　　　　　　　　　[usted]

2) Los niños (acostarse)＿＿＿＿＿＿ a las nueve y media.　　　　　[yo]

3) Yo (sentarse)＿＿＿＿＿ siempre en este sofá.　　　　　　　　　[mi madre]

4) Ellos (bañarse)＿＿＿＿＿ antes de cenar.　　　　　　　　　　　[mi padre]

5) Los japoneses (quitarse)＿＿＿＿＿ los zapatos al entrar en casa.　[nosotros]

6) Nosotros (casarse)＿＿＿＿＿ en primavera.　　　　　　　　　　[Ana y Juan]

2 再帰動詞　その他の用法 Usos de los verbos reflexivos

71

1) 相互：「～し合う」という意味を表します。主語は複数。

Nos ayudamos mucho.　　A veces Ana y su madre se llaman por teléfono.

2) 強意・転意：多少ニュアンスが変化します。

A: ¿Ya te vas?　　B: Sí, ya me voy.

A veces me duermo en el tren.　　Ellos se mueren de hambre.

3) 受身の **se**：主語は事物に限られます。　　□ i (hi) から始まる語の前で y は e に変わります。

Se vende esta casa.　　En Canadá se hablan francés e inglés.

4) 無人称の **se**（se＋3人称単数形）：「（一般的に人は）〜する」主語を特定しない表現。

A: ¿Cómo se dice "sayonara" en español?　　B: Se dice "adiós".

A: ¿Cuánto tiempo se tarda de Tokio a Madrid en avión?　　B: Se tarda trece horas.

Se dice que los japoneses son muy trabajadores.

□ 3人称複数の無人称表現　　Dicen que los precios van a subir. //　Te llaman por teléfono.

チョット　確認 **3**　（　　）内の再帰動詞を直説法現在の正しい形にし、和訳しましょう。さらに［　　］の主語に変えましょう。Completa con la forma adecuada del presente de los verbos.

1) Yo (morirse)＿＿＿＿＿ de sed.　　　　　　　　　　　　[nosotros]

2) Nosotros (escribirse)＿＿＿＿＿ mensajes todos los días.　　[Carmen y su marido]

3) Normalmente los niños (comerse)＿＿＿＿＿ toda la comida.　　[mi hijo]

4) En los quioscos (verderse)＿＿＿＿＿ revistas.　　　　　[el periódico]

5) ¿Cuántas veces (verse, vosotros)＿＿＿＿＿ a la semana?　　[ellos]

3 所有形容詞（後置形）Los adjetivos posesivos

72

前置形	p.16参照		後置形	単数	複数
mi	nuestro		1人称	mío 私の	nuestro 私たちの
tu	vuestro		2人称	tuyo 君の	vuestro 君たちの
su	su		3人称	suyo 彼(ら)の、彼女(たち)の、あなた(方)の	

1) 名詞の後ろに置かれ、名詞の性・数に一致します。

Un amigo mío es un actor famoso.　　Muchos amigos míos estudian español.

2) ser の後ろに置かれ、補語になって所有を表します。

A: ¿De quién es la maleta?　　B: Es mía. //　Este coche no es mío, sino de mi padre.

3) 定冠詞＋所有形容詞後置形＝所有代名詞

Esta es mi copa. La tuya es aquella.

チョット　確認 **4**　（　　）内には適切な所有形容詞を、下線部には定冠詞＋所有形容詞後置形を入れて文を完成させ、和訳しましょう。Completa las frases con la forma apropiada de los adjetivos posesivos.

1) Estos cuadernos son (　　　　　　). [私の]

2) Esta es (　　　　　) maleta, pero ¿dónde está ＿＿＿＿? [君の、私たちの]

3) El coche blanco es (　　　　　). [彼女の]

4) A: ¿Esas gafas de sol son (　　　　　)? [君の]　B: No, ＿＿＿＿ son estas.

5) A: ¿(　　　　　) clase es interesante? [君たちの]　B: Sí, ＿＿＿＿ es interesante.

VAMOS A VER

1 必要があれば（　）内に適切な再帰代名詞を入れましょう。入れる必要がなければ×を書きましょう。 Completa con el pronombre reflexivo si es necesario.

1) Mario (　　　　　　) desayuna un café y una tostada.

2) Irene (　　　　　　) maquilla antes de salir de casa.

3) El padre (　　　　　　) pone el pijama a su hijo pequeño.

4) (　　　　　　) quiero lavar la cara.

2 枠内から適切な再帰動詞を１つ選んで正しい形にして入れましょう。 Completa con el verbo adecuado del recuadro.

acostarse	casarse	sentarse	tardarse	venderse

1) Mi hermano _____ con Julia en diciembre.

2) ¿Aquí _____ sellos?

3) De aquí a Toledo _____ una hora en autobús.

4) Vamos a _____ en la primera fila.

5) Por la noche leo una novela antes de _____.

3 指示された不定詞表現を使って文を書きかえましょう。 Cambia la frase y usa la forma perifrástica.

例）Me levanto a las siete. (ir a＋不定詞)

　　→ *Me voy a levantar a las siete. / Voy a levantarme a las siete.*

1) Me baño después de cenar. (querer＋不定詞)

2) Nos vamos ya. (tener que＋不定詞)

3) Te lavas las manos aquí. (poder＋不定詞)

4 下線部を定冠詞＋所有形容詞後置形に置きかえましょう。 Cambia las palabras subrayadas por la forma apropiada de los pronombres posesivos.

例）Mi padre y su padre son amigos. → *Mi padre y el suyo son amigos.*

1) Mi perro es muy inteligente. ¿Cómo es tu perro?

2) Nuestra maleta está aquí. ¿Dónde está vuestra maleta?

3) A: ¿Estos libros son tuyos?　　B: No, mis libros son estos.

5 スペイン語に訳しましょう。 Traduce las siguientes frases al español.

1) 彼らはこのバルで毎週木曜日に会っています。

2) 僕はおなかがへって死にそうだ。

3) 明日私たちは早起きしなければなりません。

4) 「あの男の子の名前はなんですか？」「フェデリコといいます。」

5) 「日本語で "invierno" は何と言いますか？」「『冬』と言います。」

73

Cristina: Kenji, ¿qué haces los sábados?

Kenji: Los sábados me levanto tarde, a las 10:00. Tomo un café y salgo con mis amigos a jugar un partido de baloncesto. Luego comemos en el comedor del centro deportivo y hablamos sobre nuestros deportistas favoritos. Normalmente a las 6:00 de la tarde ya estoy en casa y me baño. Los sábados no me acuesto muy tarde, a eso de las 10:00, porque estoy cansado del partido. Y tú Cristina, ¿qué haces?

Cristina: Yo me levanto temprano, limpio mi apartamento y lavo la ropa. Después me maquillo, llamo por teléfono a una amiga y nos vamos de compras. Luego entramos en una cafetería y pedimos un café mientras hablamos de nuestras cosas. Al llegar a casa, me lavo las manos y preparo la cena. Antes de acostarme leo una novela. Me acuesto a eso de las 12:00.

74

Kenji: Cristina, ¿qué tal Salamanca?

Cristina: Es una ciudad muy interesante por su historia y sus edificios.

Kenji: ¿Qué tal el ambiente?

Cristina: Tiene un ambiente estudiantil y multicultural muy bueno y sano. Además es una ciudad pequeña y todo está cerca.

Kenji: Entonces no tienes que levantarte muy temprano para ir a clase, ¿no?

Cristina: No, no necesito levantarme temprano. De mi apartamento a la universidad tardo unos 10 minutos a pie. Después de las clases vuelvo a casa a pie también. Como y me echo la siesta. En esta ciudad la vida es muy tranquila y mucha gente se echa la siesta. Si sales después de comer, vas a ver las calles desiertas y las tiendas pequeñas cerradas.

Kenji: Entonces por la noche la gente se acuesta pronto, ¿no?

Cristina: No, al contrario se van a la cama muy tarde. En verano a las 12 de la noche las calles, plazas y bares están llenos de gente.

Kenji: ¡Qué bien se lo pasan los españoles!

PRÁCTICA

1 Mira las imágenes, usa uno de los verbos del recuadro y completa las frases. 枠内の動詞を使って、文を完成させましょう。

acostarse	ponerse	levantarse	quitarse	lavarse	dormirse
llamarse	maquillarse	ducharse	bañarse	sentarse	verse

例） El papá *se sienta* en el sillón.

1) Cristina _____ antes de salir.

2) Los niños _____ temprano.

3) Luis _____ todas las mañanas.

4) Marisa _____ el abrigo porque hace frío.

5) A veces yo _____ en el tren.

6) Tú _____ muy tarde.

7) Kenji _____ antes de cenar.

8) Ellas _____ por teléfono una vez al día.

9) Yo _____ las manos antes de comer.

10) Ricardo _____ el sombrero porque hace viento.

11) Alex y Lucía _____ una vez a la semana.

2 Mira el recuadro y las imágenes. Después completa la frase como en el modelo. 例にならって枠内の形容詞と、所有形容詞後置形を使って、文を完成させましょう。

bonito/a	grande	nuevo/a	interesante	bajo/a	barato/a	feo/a
pequeño/a	aburrido/a	antiguo/a	alto/a	corto/a	caro/a	largo/a

例） (mi casa/tu casa) *Mi casa es pequeña. La tuya es grande.*

1) (nuestro coche/su coche) _____

2) (tu moto/su moto) _____

3) (su ciudad/nuestra ciudad) _____

4) (vuestro vestido/su vestido) _____

5) (su jardín/mi jardín) _____

6) (nuestros hijos/vuestros hijos) _____

3 Practica con tu compañero. Primero uno cuenta el día a día de Francisco. Después el otro el día a día de Valentina como en el modelo. フランシスコとバレンティナの一日を、ペアで言いましょう。

例） *Francisco se levanta a las siete y media. Valentina se levanta a las nueve.*

El día a día de Francisco y Valentina

Francisco

1) levantarse (7:30)
2) ducharse (8:00)
3) desayunar (8:30)
4) ir a la oficina en coche (9:00)
5) comer en un restaurante con los compañeros (14:00)
6) salir del trabajo (18:30)
7) ir al cine o al teatro con su novia (20:00)
8) tomar una cerveza en una terraza (22:00)
9) volver a casa (23:45)
10) acostarse (24:30)

Valentina

1) levantarse (9:00)
2) lavarse la cara (9:15)
3) desayunar un té y un bocadillo (9:30)
4) limpiar su habitación (10:00)
5) comer en casa (13:30)
6) ir al supermercado, hacer la compra (15:00)
7) arreglarse, cenar con unas amigas en un restaurante (18:30)
8) tener clase de Interpretación (20:00)
9) volver a casa (22:00)
10) acostarse (24:00)

4 Escribe el día a día tuyo y después léeselo a tu compañero. Al final comprueba las diferencias entre tu compañero y tú. あなた自身の一日を書いて、ペアで読みあい、違いを見つけましょう。

5 Ahora contesta a las siguientes preguntas. 自由に質問に答えましょう。

1) ¿A qué hora te levantas?
2) ¿Te duchas por la mañana?
3) ¿Te maquillas antes de salir de casa?
4) ¿Te duermes en el tren?
5) ¿A qué hora vuelves a casa?
6) ¿Cuándo te bañas, antes o después de cenar?
7) ¿Qué haces antes de acostarte?
8) ¿A qué hora te acuestas?

GRAMÁTICA Y EJERCICIOS

1 前置詞格人称代名詞 Los pronombres con preposición

75

1人称	mí	nosotros (-as)
2人称	ti	vosotros (-as)
3人称	él, ella, usted	ellos, ellas, ustedes

1) 前置詞の後ろに置かれる人称代名詞は、1人称単数は mí、2人称単数は ti で、他は主格人称代名詞と同じです。

A: ¿Estas rosas son para mí?　　B: Sí, son para ti.

2) con + mí は conmigo に、con + ti は contigo になります。

A: ¿Vienes conmigo al cine?　　B: Sí, vamos.

チョット　確認　1　[　]内には適切な人称代名詞を、下線部には前置詞と人称代名詞を入れて、文を完成させ和訳しましょう。Completa las frases con el pronombre preposicional.

1) A: ¿Vienes _____ al supermercado?（私と一緒に）　B: No, estoy ocupado.

2) A: ¿Podemos hablar un momento con [　　　]?（あなた）　B: Sí, sí.

3) A: ¿Habláis de [　　　]?（私）　B: No, hablamos de Manolo.

4) A: Este regalo es para [　　　].（君）　B: ¿Para [　　　]? Gracias. ¿Puedo abrirlo?

5) ¿Puedo ir _____ a pasear?（君と一緒に）

2 動詞 gustar El verbo *gustar*

76

	間接目的格人称代名詞	gustar	主語
(a mí)	me		el fútbol
(a ti)	te	gusta	leer
(a él, a ella, a usted)	le		comer y beber
(a nosotros)	nos		los deportes
(a vosotros)	os	gustan	las flores
(a ellos, a ellas, a ustedes)	les		las películas de aventura

gustar は「～に気に入る」という意味で、間接目的格人称代名詞を前置します。文法上の主語は gustar の後ろに置かれ、gustar は主語に合わせて活用されます。

Me gusta el español.　　No me gustan las hamburguesas.

A Carlos le gusta la comida japonesa.

A: ¿Qué te gusta hacer en tu tiempo libre?　　B: Me gusta navegar por internet.

A: Me gustan mucho las películas de Hayao Miyazaki, ¿y a ti?　B: A mí también. / A mí no.

A: No me gusta viajar al extranjero, ¿y a ti?　　B: A mí tampoco. / A mí sí.

チョット 確認 2 [ ]内には適切な人称代名詞を、下線部には動詞 gustar を入れて、文を完成させ和訳しましょう。 Completa las frases con el pronombre y la forma adecuada del verbo *gustar*.

1) A: A [ ] me _____ ver exposiciones de pintura, ¿y a usted?

   B: A [ ] también.

2) A: A nosotros no [ ] _____ las películas de terror, ¿y a vosotros?

   B: A [ ] tampoco.

3) A: ¿A [ ] te _____ cantar y bailar?   B: No, no [ ] _____.

4) A Nuria y a su marido [ ] _____ cenar fuera.

5) A mi hermana mayor [ ] _____ mucho los bolsos caros.

3 gustar 型動詞 Otros verbos del grupo de *gustar*

77

gustar 型動詞 interesar, parecer, encantar, doler (o → ue) は、gustar と同じように用いられます。

   A: Me interesan los deportes.   B: A mí también, pero solo verlos.

   A: ¿Te gusta el chocolate?   B: Sí, me encanta.

   A: ¿Qué te parece esta película?   B: Me parece muy interesante.

   A: ¿Qué te parece ir a tomar un café?   B: Me parece muy bien.

   A: ¿Qué te pasa?   B: Me duelen los ojos.

チョット 確認 3 [ ]内には適切な人称代名詞を、下線部には正しい形にした動詞を入れて、文を完成させ和訳しましょう。 Completa las frases con el pronombre y verbos adecuados.

1) A: ¿A ti [ ] _____ (gustar) la carne?   B: Sí, [ ] _____ (encantar).

2) A: A mí no [ ] _____ (interesar) las clases de Matemáticas, ¿y a ti?

   B: A [ ] sí.

3) A: ¿Qué te _____ (parecer) ir a los baños termales?

   B: [ ] _____ (parecer) bien.

4) A: ¿Qué te _____ (doler)?   B: [ ] _____ (doler) las piernas.

5) A mi hijo [ ] _____ (interesar) la cultura Maya.

4 絶対最上級 El superlativo absoluto

78

絶対最上級「形容詞＋ísimo」：「この上なく〜、きわめて〜、非常に〜」の意味になります。

1) 母音で終わる形容詞は母音を取って -ísimo をつけます。

   barat<u>o</u> → baratísimo   ri<u>co</u> → riquísimo

   Este ordenador es carísimo. // Esta fruta es buenísima. // Muchísimas gracias por todo.

2) 子音で終わる形容詞はそのまま -ísimo をつけます。

   difícil → dificil<u>ísimo</u>   fácil → facil<u>ísimo</u>

   Esta pregunta es dificilísima.

VAMOS A VER

1 枠内から適切な人称代名詞を1つ選んで（　　）内に入れ、文を完成させましょう。Completa con el pronombre adecuado del recuadro.

mí　　nos　　le　　te　　ti　　se

1) ¿Puedes hablar más despacio? Es que no (　　　) entiendo.

2) ¿Quién (　　　) va a preparar la comida a Pepa?

3) A (　　　) me encanta la música clásica.

4) Carlos (　　　) ducha por la mañana.

5) Estas cartas son para (　　　).

2 例にならって、文を完成させましょう。Construye las frases como en el modelo.

例）a María, *gustar*, viajar al extranjero → *A María le gusta viajar al extranjero.*

1) a mi madre, *gustar*, los gatos

2) ¿a ti, *doler*, la espalda?

3) a nuestro amigo, *interesar*, la cultura japonesa

4) a Lola y a Marisol, *encantar*, cantar y bailar

3 質問と同じ動詞を使って、答えの文を完成させましょう。Contesta con la forma adecuada del verbo y del pronombre.

1) A: ¿Os gusta la comida mexicana?　B: Sí, _____ mucho.

2) A: ¿Qué les interesa a tus hermanas?　B: _____ el baile flamenco.

3) A: ¿Te duele la cabeza?　B: No. _____ los ojos.

4) A: ¿Qué le parecen a usted estos cuadros?　B: _____ impresionantes.

4 下線部を絶対最上級を使って書きかえましょう。Haz la frase y usa el superlativo absoluto.

1) Este libro es muy difícil.

2) Nos gusta mucho el tenis.

3) Estos días estamos muy ocupadas.

4) Esta paella está muy rica.

5 スペイン語に訳しましょう。Traduce las siguientes frases al español.

1) 私は頭がとても痛い。

2) 私の祖母は料理 (cocinar) が大好きなんです。

3) 「僕はスポーツが好きなんだけど、君は？」「僕も。」

4) 「君たちは野球に興味があるの？」「うん、とても興味があるんだ。」

5) 「この映画、君どう思う？」「つまらない (aburrido) と思う。」

LECTURA Y DIÁLOGO

Lectura
79

En la familia de los González, como en muchas familias, es muy complicado decidir qué comer, qué ver en la televisión o cómo pasar las vacaciones de verano todos juntos porque cada uno tiene gustos e intereses muy dispares. Cuando van a comer fuera, al padre le encanta la comida tradicional, por ejemplo, un cocido madrileño, pero a la hija, Nati, no le gusta mucho y al hijo, Pablo, tampoco. Ellos prefieren la comida rápida, les encantan las hamburguesas. A la madre no le gusta nada la comida rápida, no es saludable. A ella le fascina la nueva cocina española.

Cuando hablan sobre las vacaciones de verano, el padre propone ir a su pueblo natal y pasar unos días juntos durante las fiestas del lugar. A él le encanta encontrarse con sus amigos de la infancia. Esto a la madre no le parece una buena idea. Ella en el pueblo está muy ocupada. Tiene que limpiar la casa, hacer la comida y recibir a las visitas. Ella prefiere disfrutar del mar. Le encantan los cruceros por el Mediterráneo. Al hijo tampoco le gusta el pueblo, prefiere los deportes e ir con los amigos a la montaña. A la hija le gusta ir al campo, pero en verano prefiere viajar. Le interesan mucho los lugares con mucha historia.

Por último, cuando ven juntos la televisión también hay problema. Al padre le gusta ver los debates sobre política, pero a la madre le aburren mucho. Ella prefiere las series televisivas. Los hijos no ven mucho la tele, pero a Nati le gusta ver películas románticas, sin embargo a Pablo le encantan las películas de aventuras. Le parecen muy interesantes y divertidas.

Aunque todos tienen gustos e intereses diferentes, es una familia unida y feliz.

Diálogo
80

Cristina:	Hola, Kenji, ¿qué tal? Tienes mala cara.
Kenji:	Últimamente estoy muy estresado y me duele mucho la cabeza. ¿A ti nunca te duele?
Cristina:	Sí, a veces, pero doy un paseo o hago ejercicios de relajación y así se me quita el dolor. No me gusta tomar medicinas.
Kenji:	A mí tampoco, pero es que además me duele el estómago.
Cristina:	¿Ah sí? Entonces debes ir al médico.
Kenji:	Sí, es lo que voy a hacer.

PRÁCTICA

1 Mira las imágenes y completa las frases como en el modelo. 例にならって文を完成させましょう。

例)　1)　2)　3)　4)　5)　6)

例）A ellos *les gusta* la música rock.

1) A ti _____ los gatos.

2) A Pablo _____ las ciudades grandes.

3) A vosotros _____ cantar y bailar.

4) A ella _____ las películas de aventuras.

5) A nosotros _____ el pescado.

6) A Kenji y a Moe _____ la carne.

2 Mira los recuadros y usa libremente las expresiones como en el modelo. Después pregunta a tu compañero sobre sus gustos. 例にならって、枠内の語句を使って自由に文を作ったあと、ペアで練習しましょう。

> me encanta/n　me gusta/n　no me gusta/n mucho　no me gusta/n nada　me aburre/n

> las fresas　las hamburguesas　los pueblos pequeños　la música clásica
> el café　los deportes　ir a la montaña　pasear por la playa　viajar al extranjero
> cantar en el karaoke　estudiar español

例)　1)　2)　3)　4)　5)

6)　7)　8)　9)　10)　11)

例）*Me aburre la clase de Matemáticas.*

1) _____

2) _____

3) _____

4) _____

5) _____

6) _____

7) _____

8) _____

9) _____

10) _____

11) _____

3 Mira el recuadro y practica con tu compañero como en el modelo. 例にならって、枠内の語句を使って、ペアで練習しましょう。

el chocolate   el béisbol   el melón   la música pop
ir a la playa   hacer deporte   ir de compras   cantar en el karaoke   viajar al extranjero

例) A: A mí me *gusta el chocolate*, ¿y a ti?   B: A mí también me *gusta.* / A mí no me *gusta.*
   B: A mí no me *gusta el béisbol*, ¿y a ti?   A: A mí tampoco me *gusta.* / A mí sí me *gusta.*

4 Mira el modelo y practica con tu compañero. 例にならって、枠内の語句を使って、ペアで練習しましょう。

la historia de China   el arte abstracto   las novelas históricas
los debates de política   la música clásica   la naturaleza   la psicología

例) A: ¿Te *interesa la historia de China*?
   B: Sí, me *interesa* (*mucho*). / No, no me *interesa mucho.* / No, no me *interesa nada.*

5 Mira el modelo y practica con tu compañero. 例にならって、枠内の語句を使って、ペアで練習しましょう。

la cabeza   el estómago   el pecho   las piernas   los ojos   la cadera   la espalda

frecuentemente   a veces   casi nunca   nunca

例) A: ¿Con qué frecuencia te *duele la cabeza*?   B: A *veces* me *duele.* ¿Y a ti?
                                      /*Nunca* me *duele.* = No me *duele nunca.*

6 Mira el modelo y practica con tu compañero. 例にならって、枠内の語句を使って、ペアで練習しましょう。

los deportes náuticos   la naturaleza   las ciudades grandes   el cine americano
las exposiciones de pintura   las series de televisión   la psicología
las carreras de coche

divertido   aburrido   emocionante   interesante   conveniente

例) A: ¿Te *gustan los deportes náuticos*?
   B: Sí, me *gustan* (*mucho*). Me *parecen muy emocionantes.*
    / No, no me *gustan mucho.* / No, no me *gustan nada.* Me *parecen muy aburridos.*

7 Ahora escribe una pequeña composición sobre tus gustos y aficiones. Usa las expresiones: *me encanta, me gusta, no me gusta mucho, no me gusta nada, me parece, no me parece, me interesa, no me interesa.* あなたの好きなこと・好きではないことについて書きましょう。

GRAMÁTICA Y EJERCICIOS

1 比較級 La comparación

81

優等比較	más ＋形容詞／副詞＋ que
劣等比較	menos ＋形容詞／副詞＋ que
同等比較	tan ＋形容詞／副詞＋ como

1) 形容詞の比較級

Mi hermana es más alta que yo.

Estos zapatos son menos caros que esos.

Ella está tan cansada como tú.

2) 副詞の比較級

Yo siempre vuelvo a casa más tarde que mi hermana.

Me levanto tan temprano como mi madre.

3) 不規則な比較級

形容詞		副詞	
原級	比較級	原級	比較級
mucho	más	mucho	más
poco	menos	poco	menos
bueno	mejor	bien	mejor
malo	peor	mal	peor
grande	mayor		
pequeño	menor		

□ mayor と menor は形のないものに、más grande と más pequeño は形のあるものに用います。mayor は「年上の」、menor は「年下の」という意味でよく用いられます。

□ más と menos 以外の形容詞は数変化があります。

Él bebe más que yo.　　Yo tengo menos tiempo que ella.　　Canto mejor que él.

Tengo dos hermanos mayores y una hermana menor.　　Tu casa es más grande que la mía.

4) mucho の同等比較 : tan + mucho は tanto となります。

Él tiene tantos libros como su padre.　　Ellas trabajan tanto como su jefe.

✏ チョット 確認 1 （　　）内に適切な一語を入れましょう。Completa las frases.

1) この映画はそれよりも面白い。 Esta película es (　　　　　) interesante (　　　　　) esa.

2) 今日は昨日より暑くはないです。 Hoy hace (　　　　) calor (　　　　) ayer.

3) マヌエルは私よりも3つ年上です。 Manuel es tres años (　　　　) (　　　　) yo.

4) ルイスはお父さんと同じくらいよく食べる。 Luis come (　　　　) (　　　　) su padre.

5) 妹は私と同じくらいスキーが上手です。 Mi hermana esquía (　　　　) bien (　　　　) yo.

2 最上級 El superlativo

82

定冠詞（＋名詞）＋ más ＋形容詞（＋ de ～）

Mi madre es la más alta de mi familia.

Me parece que esta es la película más interesante de este año.

・不規則な比較級も定冠詞を用いると最上級になります。

Este museo es el mejor de esta ciudad. // Carmencita es la menor de sus hermanos.

チョット 確認 2 例にならって最上級の文を作りましょう。Sigue el modelo.

例）estas gafas / caro / de la tienda → *Estas gafas son las más caras de la tienda.*

1) María / alto / de la clase → _____

2) este restaurante / bueno / de la ciudad → _____

3) Pablo y Antonio / alegre / de la clase → _____

4) Ana / grande (年上) / de sus hermanos → _____

5) Esta serie de televisión / interesante / de este año → _____

3 **不定語と否定語** Los pronombres indefinidos
83

代名詞

不定語		否定語	
algo	何か	nada	何も〜ない
alguien	誰か	nadie	誰も〜ない

☐ 否定語が動詞の前に来るとき、動詞の前の no は不要です。
No viene nadie. = Nadie viene.

A: ¿Quieres comer algo?　B: No, no quiero comer nada. Es que no tengo hambre.

A: ¿Viene alguien hoy?　B: No, no viene nadie.

　☐ algo, nada は副詞としても使われます。No me gusta nada. // Este abrigo es algo caro.

形容詞

不定語 alguno		否定語 ninguno	
algún libro	何らかの〜	ningún libro	ひとつの〜もない
alguna chica		ninguna chica	ひとりの〜もない
algunos libros	いくつかの〜	☐ 男性単数名詞の前で o が脱落し、algún, ningún となります。	
algunas chicas	何人かの〜		

・次の下線部のように、不定形容詞は代名詞としても用いられます。

　A: ¿Conoces algunos lugares interesantes para pasar el fin de semana?

　B: No, no conozco ninguno. (ninguno = ningún lugar)

　A: ¿Tienes alguna amiga latinoamericana?

　B: No, no tengo ninguna. (ninguna = ninguna amiga) // Ninguno de ellos sabe nada de eso.

4 **関係代名詞 que** El pronombre relativo *que*
84

1) que：人や物を先行詞とします（下線部が先行詞）。

　La chica que lleva la falda roja es Paula.　　Este es el ordenador que quiero comprar.

　¿Cuál es el marisco que más te gusta?

2) 前置詞＋定冠詞＋ que

　El chico es peruano. Mi hermano vive *con* el chico.

　→ El chico *con* el que vive mi hermano es peruano.

　Quiero ver la película. Siempre me hablas *de* la película.

　→ Quiero ver la película *de* la que siempre me hablas.

VAMOS A VER

1 (　　) 内の語句を用いて、比較の文を作りましょう。>は優等比較、≒は同等比較を表します。
Sigue el modelo.

例) Pedro es alto. (> Luis)　*Pedro es más alto que Luis.*

1) Corres rápidamente. (> yo)

2) Hoy hace buen tiempo. (> ayer)

3) Tu habitación es grande. (≒ la mía)

4) Trabajáis mucho. (≒ nosotros)

2 (　　) 内の語句を用いて、最上級の文を作りましょう。Sigue el modelo.

例) Pedro es alto. (de la clase)　*Pedro es el más alto de la clase.*

1) Esta canción es famosa. (de las tres)

2) Este libro es interesante. (de este autor)

3) Este hotel es bueno. (de la ciudad)

3 正しい不定語・否定語を１つ選びましょう。Elige el pronombre indefinido correcto.

1) A: ¿Quieres beber { algo / nada }?　B: No, no quiero beber { algo / nada }.

2) A: ¿Esperáis a { algo / alguien }?　B: No, no esperamos a { nada / nadie }.

3) ¿Conoces { alguno / algún } bar bueno por aquí?

4) { Alguno / Algunos } de vosotros puede asistir a la reunión de mañana, ¿verdad?

4 関係代名詞 que を使って、１つの文にしましょう。Une las dos frases en una usando el pronombre relativo *que*.

1) ¿Cómo se llama la chica? La chica lleva el abrigo blanco.

　　→ ¿Cómo _____ ?

2) Aquel hombre es nuestro profesor de español. El hombre está delante de la puerta.

　　→ Aquel hombre _____ .

3) El chico es su compañero de clase. Mi hermano va a viajar con él.

　　→ El chico _____ .

4) Este es el hospital. Mi tío trabaja en este hospital.

　　→ Este es _____ .

5 スペイン語に訳しましょう。Traduce las siguientes frases al español.

1) 私の娘は以前 (antes) よりもよく食べます。

2) 日本で一番高い山 (montaña) はどれですか？

3) マリベル (Maribel) は私たちよりも歌が上手です。

4) 「教室には誰かいるの？」「いや、誰もいないよ。」

5) 彼らのうちの何人かはこの冬スペインに行くつもりです。

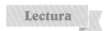### La fiesta de cumpleaños

85

Patricia es estadounidense, ella ahora vive en Madrid y estudia español. Lleva en España más de un año. En su tiempo libre enseña inglés en una academia. El próximo sábado es su cumpleaños y quiere celebrarlo con algunos de sus compañeros, entre ellos Kenji y su amiga Kana. También quiere invitar a algunos españoles, estudiantes de su clase de inglés. En total van a ser más de 15 invitados. Su apartamento es pequeñísimo. Entonces uno de sus alumnos le va a dejar su casa de campo. Esta es muy bonita y tiene un amplísimo salón.

Patricia está muy ilusionada porque va a celebrar por primera vez su cumpleaños en un país extranjero, pero al mismo tiempo está preocupada porque tiene que hacer los preparativos para la fiesta. Muchos de los invitados van a llevar alguna comida típica de su país de origen. Kana, va a llevar "sushi", el plato japonés más conocido entre los extranjeros. Patricia también quiere preparar alguna comida típica de su país. Entonces quiere ir al mercado cerca de su casa para hacer algunas compras, por ejemplo marisco, algo de fruta, etc. y algunas bebidas alcohólicas.

86

Patricia:	Kenji, ¿cómo es Tokio?
Kenji:	Tokio es una ciudad muy grande, la más grande de Japón.
Patricia:	¿La vida en Tokio es cara?
Kenji:	Sí, especialmente la vivienda es muy cara.
Patricia:	¿Hace calor en Tokio en verano?
Kenji:	Sí, hace tanto calor como aquí en Madrid, pero además hay mucha humedad.
Patricia:	¿Hay contaminación en Tokio?
Kenji:	Sí, hay tanta o más que aquí.
Patricia:	¿Es Tokio una ciudad segura?
Kenji:	Sí, es una ciudad muy segura y la gente es amabilísima.
Patricia:	¡Qué bien! Algún día quiero visitar Tokio.

PRÁCTICA

1 Estudia el vocabulario y escribe el nombre adecuado como en el modelo. Después contesta a las preguntas de tu compañero. 枠内の食べ物・飲み物の意味を調べて、絵にあてはまる語を書きましょう。そのあと例にならってペアで、質問しあいましょう。

> arroz / pan
> **carne**: de pollo / de cerdo / de ternera   **pescado**: atún / salmón / bacalao
> **marisco**: gambas / calamares / almejas   **verduras**: patatas / tomates / lechuga
> **fruta**: melón / sandía / cerezas / melocotón / manzana / caqui / higos
> **bebidas**: agua / té / café
> **bebidas alcohólicas**: vino tinto / vino blanco / cerveza / sake

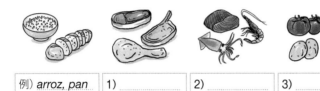

例) *arroz, pan*	1)	2)	3)	4)	5)

例) A: ¿Cuál es el pescado que más te gusta?   B: *Es el atún*.

1) ¿Cuál es la carne que más te gusta?   2) ¿Cuál es el marisco que más te gusta?

3) ¿Cuál es tu verdura preferida?   4) ¿Cuál es tu fruta favorita?

5) ¿Cuál es la bebida que bebes normalmente en las comidas?

2 Contesta a las preguntas como en el modelo. 例にならってペアで、質問しあいましょう。

例) (la Historia, la Literatura,   A: ¿Qué asignatura es la más interesante para ti?
la Economía)   B: Para mí *la Literatura es la más interesante de las tres*.

1) (el español, el inglés, el francés) ¿Qué idioma es el más difícil para ti?

2) (el pop, el rock, la música clásica) ¿Qué música es la más divertida para ti?

3) (el baloncesto, el béisbol, el fútbol) ¿Qué deporte es el más interesante para ti?

4) (Tokio, Kioto, Osaka) ¿Qué ciudad es la más bonita para ti?

3 Lee los datos de Pablo y Nati y practica con tu compañero como en el modelo. パブロとナティについて、ペアで質問しあいましょう。

Pablo	Nati
edad: 28	**edad**: 26
estatura: 187cm	**estatura**: 170cm
peso: 83 kg	**peso**: 58 kg
coeficiente intelectual: 90	**coeficiente intelectual**: 90
ritmo de vida: duerme 7 horas al día y trabaja 8 horas diarias	**ritmo de vida**: duerme 8 horas al día y trabaja 10 horas diarias
días de vacaciones al año: 38 días	**días de vacaciones al año**: 38 días
ingresos anuales: €21 000	**ingresos anuales**: €17 000
aficiones: deportes y lectura	**aficiones**: viajes y bailes

例）A: ¿Quién es mayor, Pablo o Nati?　B: *Pablo es mayor que Nati.*

1) ¿Quién es más alto?　　2) ¿Quién pesa más?　　3) ¿Quién es más inteligente?

4) ¿Quién duerme más?　　5) ¿Quién trabaja más?　　6) ¿Quién tiene más vacaciones?

7) ¿Quién gana más?　　　8) ¿Quién tiene más aficiones?　　9) ¿Quién hace más deporte?

10) ¿Quién viaja más?

4 **Practica con otros dos compañeros. Uno hace de camarero y los otros dos de clientes.**
例にならって3人のグループで、レストランの会話を練習しましょう。色のついた語（注文するもの）は自由に変えましょう。

Camarero:	Hola, buenas noches, señores.
	¿Qué van a tomar de primero?
Cliente A:	Voy a tomar ensalada.
Cliente B:	Yo voy a tomar gazpacho.
Camerero:	¿Y de segundo?
Cliente A:	Filete de ternera, por favor.
Cliente B:	Yo, paella.
Camarero:	¿Y para beber?
Cliente A:	Yo un vaso de vino tinto.
Cliente B:	Yo una cerveza.
Camarero:	¿Y de postre?
Cliente A:	Yo flan y un café.
Cliente B:	Yo tarta de Santiago.
Camarero:	Muy bien.
	………
Cliente A:	¿Nos trae la cuenta, por favor?
Camarero:	Sí, ahora mismo.

MENÚ CASA PACO

PRIMER PLATO

- Entremeses de jamón	6 euros
- Ensalada	3 euros
- Sopa	4 euros
- Gazpacho	5 euros

SEGUNDO PLATO

- Filete de ternera	12 euros
- Pescado a la plancha	8 euros
- Paella	11 euros
- Pollo al horno	7 euros

POSTRES

- Flan	3 euros
- Tarta de Santiago	3 euros
- Helado	5 euros

5 **Contesta a las siguientes preguntas.** 自由に質問に答えましょう。

1) ¿Practicas algún deporte?

2) ¿Tocas algún instrumento musical（楽器）?

3) ¿Conoces a la alguna cantante latinoamericana?

4) ¿Tienes algún libro interesante?

5) ¿Quieres beber algo ahora?

6) ¿Tienes algún amigo extranjero?

1 直説法点過去—規則動詞 El pertérito indefinido de indicativo-Verbos regulares

87

hablar		comer		vivir	
hablé	hablamos	comí	comimos	viví	vivimos
hablaste	hablasteis	comiste	comisteis	viviste	vivisteis
habló	hablaron	comió	comieron	vivió	vivieron

・1人称単数のつづりが変化する動詞

　　bus**car**: bus**qué**, buscaste, … lle**gar**: lle**gué**, llegaste, … empe**zar**: empe**cé**, empezaste, …

・3人称のつづりが変化する動詞　leer: leí, leíste, le**y**ó, leímos, leísteis, le**y**eron

　　A: ¿Hablaste con la profesora ayer?　　B: No, no hablé con ella.

　　A: Te acostaste tarde anoche, ¿no?　　B: Sí, me acosté muy tarde.

　　A: ¿Cuántos años vivieron ustedes en Estados Unidos?　　B: Vivimos allí diez años.

　　A: ¿A qué hora llegaste a casa el domingo pasado?　　B: Llegué a las diez.

　　A: ¿Cuándo empezaste a estudiar español?　　B: Empecé a estudiarlo en abril.

チョット 確認 **1**　次の動詞の直説法点過去の活用形を書きましょう。Conjuga los verbos.

1) estudiar　　　2) viajar　　　3) volver　　　4) aprender　　　5) salir

6) tocar　　　　7) jugar　　　　8) comenzar　　　9) oír　　　　10) ver

・過去を表す時の表現

ayer	anteayer	anoche	la semana pasada
el mes pasado	el año pasado	el domingo pasado	hace tres días

チョット 確認 **2**　（　　）内の不定詞を点過去の正しい形にし、和訳しましょう。さらに [　] の主語に変えましょう。

Completa con la forma adecuada del pretérito indefinido del verbo.

1) ¿(cenar, vosotros)＿＿＿＿＿＿＿ con Pedro anoche?　　　　[ustedes]

2) ¿Por qué (llegar, tú)＿＿＿＿＿＿＿ tarde a clase ayer?　　　[vosotros]

3) El tren (salir)＿＿＿＿＿＿＿ a las ocho en punto.　　　　　[yo]

4) Mi hermano (volver)＿＿＿＿＿＿＿ del viaje hace una semana.　　[nosotros]

5) Nosotros (oír)＿＿＿＿＿＿＿ la noticia por la radio.　　　　[mis abuelos]

・時の経過を表す表現：hace ＋時間＋ que ～

A: ¿Cuántos años **hace que** Antonio vive en Japón?　　B: **Hace** un año **que** vive aquí.

　　　　　　　　　　　　　　　　　　　　　　　　　　(= Vive aquí **desde hace** un año.)

A: ¿Cuánto tiempo **hace que** compraste tu ordenador?　　B: **Hace** tres meses **que** lo compré.

　　　　　　　　　　　　　　　　　　　　　　　　　　(= Lo compré **hace** tres meses.)

88

2 直説法点過去—不規則動詞 El pertérito indefinido de indicativo-Verbos irregulares

1) 語幹母音が変化する動詞

a) 直説法現在で e → ie になる -ir 動詞（sentir, preferir 等）

sentir: sentí, sentiste, sintió, sentimos, sentisteis, sintieron

b) 直説法現在で e → i になる -ir 動詞（pedir, repetir seguir, servir 等）

pedir: pedí, pediste, pidió, pedimos, pedisteis, pidieron

c) 直説法現在で o → ue になる -ir 動詞（dormir, morir 等）

dormir: dormí, dormiste, durmió, dormimos, dormisteis, durmieron

¿Durmió usted bien anoche?　　El profesor repitió la pregunta.

チョット 確認 3 （　　）内の不定詞を点過去の正しい形にし、和訳しましょう。さらに［　　］の主語に変えましょう。
Completa con la forma adecuada del pretérito indefinido del verbo.

1) El camarero nos (servir)＿＿＿＿＿＿＿＿ un vaso de vino.　　　　　[tú]

2) Yo (sentir)＿＿＿＿＿＿＿＿ un poco de frío.　　　　　　　　　　　[los niños]

3) Nosotros (pedir)＿＿＿＿＿＿＿＿ una paella de mariscos.　　　　　[Mario]

4) Yo no (dormir)＿＿＿＿＿＿＿＿ mucho ayer.　　　　　　　　　　　[ellos]

5) Los recién casados (preferir)＿＿＿＿＿＿＿＿ ir de luna de miel a Hawai.　[vosotros]

2) 不規則動詞

a) u 型の動詞　　　i 型の動詞　　　j 型の動詞　　　b) その他

tener	
tuve	tuvimos
tuviste	tuvisteis
tuvo	tuvieron
estar, poder, poner, saber	

venir	
vine	vinimos
viniste	vinisteis
vino	vinieron
querer, hacer	

decir	
dije	dijimos
dijiste	dijisteis
dijo	dijeron
traer, conducir	

ir / ser	
fui	fuimos
fuiste	fuisteis
fue	fueron

dar	
di	dimos
diste	disteis
dio	dieron

A: ¿Qué hiciste el sábado pasado?　　B: Jugué al tenis con mis amigos.

A: ¿Qué te dijo tu madre entonces?　　B: No me dijo nada.

A: ¿A dónde fuiste ayer?　　B: Fui a ver a mis abuelos.

チョット 確認 4 （　　）内の不定詞を点過去の正しい形にし、和訳しましょう。さらに［　　］の主語に変えましょう。
Completa con la forma adecuada del pretérito indefinido del verbo.

1) Ayer (querer, yo)＿＿＿＿＿＿＿＿ salir, pero no (poder)＿＿＿＿＿＿＿＿. [nosotros]

2) El sábado pasado (ir, nosotros)＿＿＿＿＿＿＿＿ al concierto.　　　[Rosa]

3) Carlos (venir)＿＿＿＿＿＿＿＿ a verme.　　　　　　　　　　　　[mis padres]

4) Ellos no me (decir)＿＿＿＿＿＿＿＿ nada.　　　　　　　　　　　[tú]

5) Yo (tener)＿＿＿＿＿＿＿＿ que asistir a la reunión.　　　　　　　[vosotros]

VAMOS A VER

1 次の動詞の不定詞を書きましょう。 Escribe el infinitivo del verbo conjugado.

例）hablé (*hablar*)

1) nació (　　　　　)　　　　2) conocisteis (　　　　　　)

3) pagué (　　　　　)　　　　4) compraste (　　　　　　)

5) pusimos (　　　　　)　　　6) hizo (　　　　　)

7) quise (　　　　　)　　　　8) condujiste (　　　　　　)

2 時の表現をスペイン語に訳しましょう。 Traduce al español.

1) 今日　　　2) 昨日　　　3) 昨年　　　4) 昨夜

5) 今　　　6) 先月　　　7) 一昨日　　　8) ２週間前

3 正しい主語を選び、和訳しましょう。 Elige el sujeto.

1) { Yo / Usted } supe la noticia hace tres días.

2) ¿A dónde fuisteis { tú / Felipe y tú } el pasado fin de semana?

3) { Nuestro padre / Mis padres } me dieron dinero para viajar.

4) { Nuestra hermana / Mis amigos } se casó el mes pasado.

5) { Yo / Ella } perdí la cartera ayer.

4 例にならって、主語は変えずに、点過去の文に書きかえましょう。 Sigue el modelo.

例）Normalmente trabajo hasta muy tarde. → Ayer *trabajé hasta muy tarde.*

1) Normalmente me acuesto a las doce. → Anoche _____.

2) ¿Visitáis Alicante en verano? → ¿_____ el verano pasado?

3) ¿Viene mucha gente a la fiesta? → ¿_____ a la fiesta de ayer?

4) Estamos en Sevilla ahora. → _____ una semana.

5) ¿Qué vestido te pones para la boda de María? → _____

5 スペイン語に訳しましょう。 Traduce las siguientes frases al español.

1) 先月、パンプローナ (Pamplona) ではたくさん雨が降った。

2) 先週私が読んだ本はとても面白い。

3) 金曜日のパーティーで (私が) 知り合った女の子はダンスがとても上手です。

4) 「昨日君は何時に起きたの？」「8時に起きました。」

5) 「先週の日曜日、君たちは何をしたの？」「映画に行ったんだ。」

LECTURA Y DIÁLOGO

 El viaje de Cristina a la Costa Mediterránea

Cristina y sus dos mejores amigas salieron a las 9 de la mañana en el tren AVE de la estación madrileña de Atocha para Valencia. Llegaron a las 10:30. Por la mañana visitaron el centro de la ciudad, la Catedral, la Lonja de la seda y el Mercado Central. A ellas les encantó la Lonja, un edificio del siglo XV con una arquitectura muy bonita y elegante. En el Mercado Central admiraron la calidad y variedad de las tiendas de frutas. En un restaurante del mercado comieron la famosa paella valenciana. Después fueron al hotel y visitaron "La Ciudad de las Artes y las Ciencias", un complejo arquitectónico, cultural y de entretenimiento de la ciudad de Valencia. Ellas quedaron muy impresionadas por la belleza y lo espectacular de su arquitectura.

Al día siguiente alquilaron un coche y partieron para Alicante. Visitaron el Castillo de Santa Bárbara. Desde allí contemplaron una bonita vista de la ciudad y sus playas. Al día siguiente visitaron Altea, un pueblo muy pintoresco de la provincia de Alicante. Se quedaron sorprendidas por la belleza de su atardecer. En Calpe, otra ciudad costera, se bañaron y tomaron el sol en la playa. Durante estos días hizo muy buen tiempo.

Por último desde Alicante fueron en autobús hasta Granada. Tardaron unas 5 horas. Aquí visitaron el Palacio de la Alhambra y otros monumentos. Después de visitar la ciudad no tuvieron palabras para expresar la extraordinaria belleza y las profundas emociones que sintieron al visitar Granada. El Palacio de la Alhambra, sus jardines, sus fuentes, sus flores, la vista desde el mirador de San Nicolás y el flamenco callejero les impresionó tanto a las tres amigas que prometieron volver de nuevo. Antes de salir de Granada para Madrid fueron al zoco marroquí, un lugar muy concurrido, para comprar regalos para sus familias.

Llegaron a Madrid muy cansadas pero muy contentas con el viaje.

Diálogo

Cristina:	Kenji, ¿cuánto tiempo hace que vives en Madrid?
Kenji:	Hace más de un año que vivo aquí. Llegué el año pasado, en febrero.
Cristina:	¿Cuándo empezaste a estudiar español?
Kenji:	Lo empecé a estudiar hace dos años.
Cristina:	Pues lo hablas muy bien.
Kenji:	¡Gracias!

PRÁCTICA

1 Mira las imágenes y completa la frase con una expresión de recuadro como en el modelo.
例にならって、枠内の表現を使って、点過去の文を作りましょう。

> hacer buen tiempo   alojarse en un hotel   tomar el sol   salir a las 9
>
> ver flamenco   visitar la catedral   alquilar un coche   comprar regalos
>
> encantar la Alhambra   visitar un castillo   bañarse en el mar   ver unas vistas bonitas

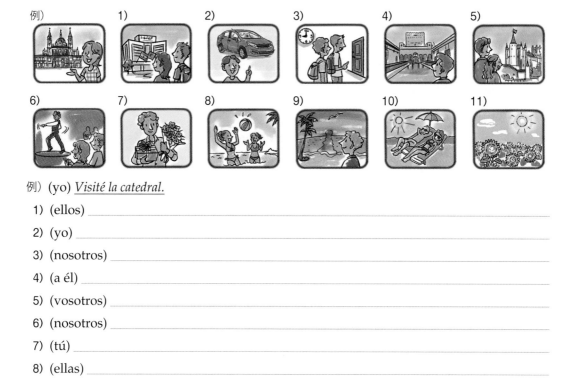

例）(yo) *Visité la catedral.*

1) (ellos) _____

2) (yo) _____

3) (nosotros) _____

4) (a él) _____

5) (vosotros) _____

6) (nosotros) _____

7) (tú) _____

8) (ellas) _____

9) (yo) _____

10) (vosotros) _____

11) _____

2 Mira el recuadro y practica con tu compañero como en el modelo. 例にならってペアで、枠内の表現を使って、点過去で練習しましょう。

> perder algo   cortarse el pelo   recibir un regalo   visitar un museo
>
> comprar un regalo a tu madre   llegar tarde a clase   bañarse en el mar

> hace dos meses / una semana / dos días …   hace mucho tiempo
>
> nunca en el pasado … nada

例）A: ¿Cuándo *perdiste algo* por última vez?

　　B: *Pues, perdí la cartera hace dos meses. / Nunca en el pasado perdí nada.*

3 Lee la composición y pregunta al profesor las palabras que no entiendes. 次の文章を読みましょう。 🎧

Francisco nació en un pueblo de la provincia de Cuenca. Estudió en la Universidad Complutense de Madrid. Estudió Medicina. Conoció a su mujer en la universidad. Se casó con ella después de terminar la carrera. Empezó a trabajar en un pueblo pequeño de la provincia de Cuenca. Después se trasladó a Madrid, allí trabajó en el hospital Gregorio Marañón. Nació su primer hijo a los 5 años de estar casado. Nació su segundo hijo dos años más tarde. Se jubiló a los 65 años. Ahora vive en un pueblo de la Sierra de Madrid.

4 Ahora mira los verbos del recuadro y escribe una composición sobre la vida de un personaje famoso. Usa solo los verbos que necesitas. Después lee la composición a tus compañeros sin decir el nombre del personaje. Ellos deben averiguar de quién se trata. 枠内の動詞を自由に選んで使い、有名な人物の人生について、名前は明かさずに書きましょう。書き終わったらそれを発表して、誰についてのことなのか当ててもらいましょう。

nacer   estudiar   trabajar   ganar   trasladarse   jubilarse   vivir

empezar a ...   conocer a ...   casarse con ...   morir

....

....

....

....

5 Contestando a las siguientes preguntas, escribe sobre tu mejor viaje en el pasado. 次の質問に答えながら、あなたの体験した旅行について書きましょう。

¿Cuándo viajaste por última vez?   ¿A dónde fuiste?   ¿Cómo y con quién fuiste?

¿Qué lugares visitaste?   ¿Dónde te alojaste y cuántos días estuviste?   ¿Qué tal lo pasaste?

¿Qué tiempo hizo?   ¿Qué regalos compraste?   ¿Qué comiste?

....

....

....

....

6 Lee el viaje que has escrito a todos tus compañeros. 5で書いた作文を、みんなの前で読みましょう。

92

1 **直説法線過去** El pertérito imperfecto de indicativo

規則形	-ar 動詞	-er 動詞	-ir 動詞
	hablar	comer	vivir
1人称単数	hablaba	comía	vivía
2人称単数	hablabas	comías	vivías
3人称単数	hablaba	comía	vivía
1人称複数	hablábamos	comíamos	vivíamos
2人称複数	hablabais	comíais	vivíais
3人称複数	hablaban	comían	vivían

不規則形	ser	ir	ver
1人称単数	era	iba	veía
2人称単数	eras	ibas	veías
3人称単数	era	iba	veía
1人称複数	éramos	íbamos	veíamos
2人称複数	erais	ibais	veíais
3人称複数	eran	iban	veían

線過去の用法

1) 過去において継続中の行為や状態

Cuando yo **veía** la televisión, mi hermano **entró** en mi habitación. （線と点）

Cuando **llegué** a casa, mi madre **hacía** la comida. （点と線）

Cuando yo **era** niño, no me **gustaba** la verdura. （線と線）

Mi padre **vivía** en Estados Unidos, cuando **era** estudiante. （線と線）

2) 過去の習慣・反復的行為

De niña visitaba a mis abuelos frecuentemente.

Todos los sábados iba a la biblioteca cerca de mi casa.

3) 時制の一致（主節が過去時制のとき従属節の中で）

Mi padre me dijo que iba a volver tarde a casa esta noche.

Creían que las tiendas todavía estaban abiertas.

4) 現在における行為の丁寧な表現

Buenas tardes. Quería ver unos pantalones.

2 **現在分詞** El gerundio

93

規則形

-ar → ando	**-er → iendo**	**-ir → iendo**
hablar → hablando	comer → comiendo	vivir → viviendo

不規則形

i → y	leer → leyendo	oír → oyendo	ir → yendo
語幹母音変化	decir → diciendo	dormir → durmiendo	venir → viniendo

現在分詞の用法

1) 進行形：estar ＋現在分詞

A: ¿Qué estás haciendo ahora?　　B: Estoy viendo la televisión.

A: ¿Dónde está mi hija?　　B: Está durmiendo ahora.

2) 副詞的用法：「～しながら」

Estudio oyendo música.

3 **過去分詞** El participio

94

規則形

-ar → ado	**-er → ido**	**-ir → ido**
hablar → hablado	comer → comido	vivir → vivido

leer → leído, oír → oído

不規則形

abrir	→	**abierto**	decir	→	**dicho**	escribir	→	**escrito**
volver	→	**vuelto**	hacer	→	**hecho**	ver	→	**visto**
poner	→	**puesto**	morir	→	**muerto**	romper	→	**roto**

過去分詞の用法

1) 形容詞のように用いられ、名詞の性・数に一致します。

Me gusta la carne muy hecha.　　No necesitamos estas sillas rotas.

2) ser ＋過去分詞（＋ por ＋動作主）：動作の受け身を表し、過去分詞は主語の性・数に一致します。

Este libro fue publicado por el profesor. // Esos cuadros fueron pintados por un amigo mío.

3) estar ＋過去分詞：結果としての状態を表し、過去分詞は主語の性・数に一致します。

Las tiendas están abiertas todavía.　　Estos libros están escritos en francés.

4 直説法現在完了 El pretérito perfecto de indicativo

95

haber の現在形＋過去分詞

he	hemos	+	hablado
has	habéis		comido
ha	han		vivido

☐ 過去分詞は性数変化しません。

現在完了の用法

1) 現在までに完了した事柄

    A: ¿El tren ya ha salido?   B: Sí, ya ha salido.

    A: ¿Ya has comido?   B: No, no he comido todavía. ¿Vamos a comer juntos?

2) 現在までの経験

    A: ¿Has estado alguna vez en Perú?   B: No, no he estado nunca.

    A: ¿Ha visto usted esa película?   B: No, no la he visto.

3) 現在を含む期間内（hoy, esta mañana, esta semana, este mes, este año など）に生じた事柄

    Me he levantado tarde esta mañana.   Esta semana ha llovido mucho.

5 数（100〜1.000） Los numerales (100-1000)

96

100 cien	101 ciento uno	102 ciento dos	200 doscientos
300 trescientos	400 cuatrocientos	500 quinientos	600 seiscientos
700 setecientos	800 ochocientos	900 novecientos	1000 mil

・200 〜 900には女性形があります。

    ochocientas personas   doscientas cuarenta horas

・十の位と一の位に0以外の数があれば y が入ります。

    861 (ochocientos sesenta y un) yenes   407 (cuatrocientos siete) euros

6 序数 Los números ordinales

97

1º primero	2º segundo	3º tercero	4º cuarto	5º quinto
6º sexto	7º séptimo	8º octavo	9º noveno	10º décimo

・通常名詞の前に置き、名詞の性・数に一致します。

    la quinta planta   el séptimo piso

・primero と tercero は、男性単数名詞の前で -o が脱落します。

    el primer ministro   el tercer curso

Eugenio del Prado（エウヘニオ　デル　プラド）

齋藤　華子（さいとう　はなこ）

仲道　慎治（なかみち　しんじ）

© 新スペイン語のリズムで 1

Nuevo Español con ritmo 1

2023年2月1日　初版発行　　定価　本体2,400円（税別）

Eugenio del Prado
著　者　齋　藤　華　子
　　　　仲　道　慎　治
発行者　近　藤　孝　夫
印刷所　株 式 会 社 理 想 社

発行所　株式会社　同　学　社
〒112-0005　東 京 都 文 京 区 水 道 1-10-7
電話 (03) 3816-7011 (代表)　振替 00150-7-166920

ISBN 978-4-8102-0443-8　　　　　Printed in Japan
（有）井上製本所

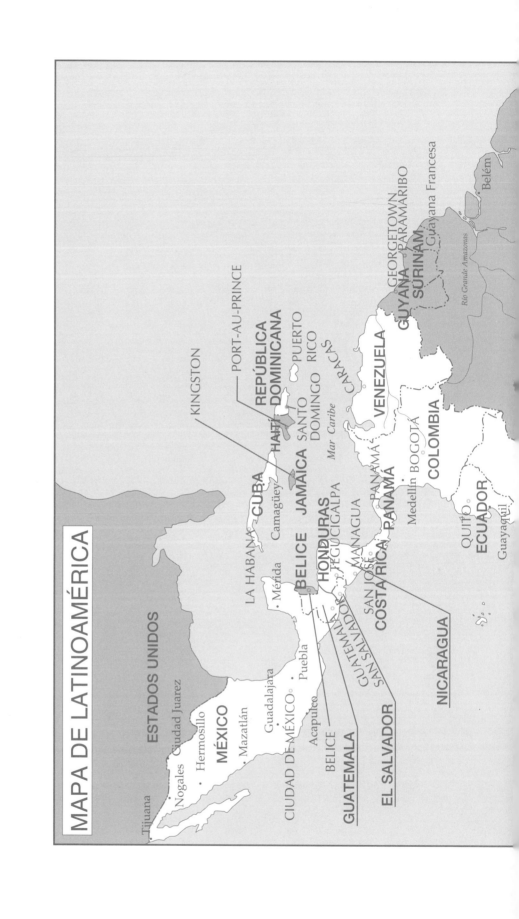

MAPA DE LATINOAMÉRICA

ESTADOS UNIDOS

Tijuana

Nogales Ciudad Juarez

Hermosillo

MÉXICO

Mazatlán

Guadalajara

CIUDAD DE MÉXICO° Puebla

Acapulco

BELICE

GUATEMALA

EL SALVADOR

NICARAGUA

GUATEMALA
SAN SALVADOR

SAN JOSÉ
COSTA RICA PANAMÁ

PANAMÁ

LA HABANA

CUBA

Mérida Camagüey

BELICE JAMAICA

HONDURAS
TEGUCIGALPA

MANAGUA

PANAMÁ

KINGSTON

PORT-AU-PRINCE

REPÚBLICA
DOMINICANA

HAITÍ SANTO
DOMINGO PUERTO
RICO

Mar Caribe CARACAS

VENEZUELA

Medellín BOGOTÁ

COLOMBIA

QUITO

ECUADOR

Guayaquil

GEORGETOWN
GUYANA PARAMARIBO

SURINAM
Guayana Francesa

Río Grande Amazonas

Belém